Analysis of
100 Corporate
Income Tax
Controversial Issues

100个
企业所得税
争议问题解析

马泽方◎著

中国市场出版社
China Market Press
·北京·

图书在版编目（CIP）数据

100个企业所得税争议问题解析 / 马泽方著. —北京：中国市场出版社，2018.4
ISBN 978-7-5092-1666-8

Ⅰ. ①1… Ⅱ. ①马… Ⅲ. ①企业所得税－税收管理－研究－中国 Ⅳ. ①F812.424

中国版本图书馆CIP数据核字（2018）第009386号

100个企业所得税争议问题解析
100 GE QIYESUODESHUI ZHENGYI WENTI JIEXI

著　　者　马泽方
责任编辑　张　瑶
出版发行　中国市场出版社 China Market Press
社　　址　北京市西城区月坛北小街2号院3号楼（100837）
电　　话　编 辑 部（010）68032104　读者服务部（010）68022950
　　　　　总 编 室（010）68020336　盗 版 举 报（010）68020336
　　　　　发 行 部（010）68021338　68020340　68053489
　　　　　68024335　68033577　68033539
邮　　箱　474885818@qq.com
经　　销　新华书店
印　　刷　河北鑫兆源印刷有限公司
规　　格　170mm×240mm　16开本
印　　张　21.75　　字　　数　310千字
版　　次　2018年4月第1版　　印　　次　2018年4月第1次印刷
定　　价　60.00元
书　　号　ISBN 978-7-5092-1666-8

序言

PREFACE

简政放权后，风险管理成为税务机关的主要工作内容。笔者认为，对于明知道违法还要硬着头皮上的，不可以与之谈论风险。比如虚开增值税发票、设置两套账隐瞒收入、购买发票列支成本费用等，故意逃避缴纳税款。这类企业不是不了解税法，而是明知这些行为违法，但为了利益不惜铤而走险。而绝大多数企业是主观诚信的纳税人，因为对税收政策掌握不够全面、准确，造成少缴或漏缴税款，对于此类企业，应加大政策辅导力度，提高纳税遵从度。

企业的每一项业务都会涉及企业所得税，在企业所得税方面最容易出现风险。主要原因包括：一是政策太多。2008年《中华人民共和国企业所得税法》实施至今，企业所得税政策文件有几百个，纳税人和税务人员都难免顾此失彼。二是没有政策。当今新的经济形态不断涌现，税收政策的出台相对滞后，如电子商务、新媒体、打车软件……没有现成政策，不知该如何操作。三是对政策有争议。对于政策文件，互联网如此发达，一搜索就能找到需要的文件；对于没有政策的，在没有明确规定的情况下，按照税法原则进行处理，同时，税法也允许“税收规定不明确的，在没有明确规定之前，暂按国家统一会计制度计算”。但最大的问题是对现有政策存在争议。

对于同一税收政策、同一条文，甚至同一句话，纳税人、中介机构、专家学者、税务机关理解不一的现象屡见不鲜。有一种观点将目前税收政策解读形象地分为两类：一类是“原则派”，即按照国际通行的税收原则或我国税制设计的基本原则及某一税种设计的背景来解读，省级及以上税务机关、专家、学者往往属于此派；一类是“条款派”（或称“字眼派”），即基本不考虑原则和背景，仅仅根据税法的具体条款、具体字眼来解读，基层税务人员、企业财务人员往往属于此派。[1]

举个最简单、也是最有名的例子。《中华人民共和国企业所得税法实施条例》第三十八条第二款规定：“非金融企业向非金融企业借款的利息支出，不超过按照金融企业同期同类贷款利率计算的数额的部分”准予扣除，但非金融企业向个人借款的利息支出能否在税前扣除一直存在争议。“原则派”认为能，因为个人也是“非金融企业”，非金融企业向个人借款也是合理合法且与企业生产经营有关的行为；“条款派”认为不能，因为个人不属于“企业”，该实施条例第三十八条没有提到个人，因此不能在税前扣除，大多数基层税务机关都是这样做的。直到《国家税务总局关于企业向自然人借款的利息支出企业所得税税前扣除问题的通知》（国税函〔2009〕777号）出台，这个问题才得以解决。

[1] 张剀．2012：让税务政策解读更权威[N]．中国税务报，2012-01-30（5）．

还有一些争议问题至今没有解决。比如，《国家税务总局关于企业工资薪金及职工福利费扣除问题的通知》（国税函〔2009〕3号）对职工福利费的范围采用了正列举的方式。“条款派”认为，凡是不在其范围内的费用均不属于职工福利费；“原则派”认为，按照税法精神，只要属于企业实际发放给职工的福利，都可以属于职工福利费。这些争议造成各地税收政策执行不一，企业无所适从。

国家税务总局所得税司司长邓勇指出，当前所得税管理的主要矛盾是“纳税人和基层税务人员日益增长的对所得税政策确定性和及时性的需要与供给不平衡不充分的矛盾”[1]。在依法治税深入人心的今天，企业和税务机关的法律意识都在不断增强。企业在进行涉税处理时都希望看到国家税务总局的明文规定，对从法理上做出的解释往往有异议，若没有明确的政策文件，税务机关很难说服企业；税务机关在没有明确政策规定的情况下，也不会轻易做出不利于企业的判断。这正是法治的进步。

政策不明确，解读不一致，争议频发，但企业不能因此而不纳税，税务机关也不能因此而不处理，所以要了解争议所在，做出合理判断。本书力求最大限度地帮助企业防范税务风险，帮助税务机关防范执法风险。

本书不是对疑难问题的解析，而是对争议问题的解析。争议问题比疑难问题更棘手，疑难问题不一定有争议，但争议问题一定很疑难。本书特色体现在以下几个方面：

一是关注常见问题，接地气。企业并购、重组虽然也有很多争议问题，但绝大多数企业遇不到，而且一般都会求助于中介机构，甚至每走

[1] 邓勇．以十九大精神为指引　开启新时代所得税改革新征程[N]．中国税务报，2017-11-28（A2）．

一步都与税务机关协商，风险控制得较好。而何时确认收入、什么支出能税前扣除、如何享受税收优惠等，这些问题看似简单，却最容易出现风险，而且是每一家企业天天都会遇到的，也是清楚了解后最能够给企业带来帮助的。本书所列 100 个争议问题并不是凭空想象出来的，有的摘自媒体，有的取自网络，有的引自财税书籍，更多的是笔者在征管工作中遇到的真实问题。

二是关注争议之处。本书所列问题都是企业所得税上常见的争议问题，力求解决“痛点”“难点”。政策规定明确，一句话能说清楚的，不予列示；虽不明确但没有争议的，不予列示。有些争议问题没有明确规定，就从法理上解释；有些争议问题国家税务总局未发布明确政策但省级税务机关有发布政策，也列出来供读者参考。如果有些争议问题不同省的规定完全对立，有些问题分歧实在太大，则列出双方观点，并加以评论，最后提出笔者观点。

三是简洁明了。书中每个争议问题的体例结构为争议、解析和结论。先以案例提出问题，并列出正反双方的观点和理由，如辩论一般；再进行解析，解析力求简洁，不长篇大论，做到有理有据，尽量引用政策原文；最后得出结论，政策有规定的，应怎样做，政策规定不明确的，建议怎样做，争议确实很大的，建议咨询主管税务机关。

需要说明的是，本书所做结论仅为笔者个人观点，不代表笔者所在单位及部门意见，企业在实务中应以主管税务机关口径为准。本书相关政策截至 2018 年 2 月底。当前税收政策变化极快，有时一个争议问题刚写完，国家税务总局就出台政策明确。比如下面这个争议问题：委托关联企业研发，委托方可加计扣除的研发费用是委托方支付给受托方的费用，还是受托方实际发生的费用，还是受托方发生的属于可加计扣除范围的费用？笔者曾在《中国税务报》撰文提出应为委托方支付给受托方的费用。后来，《国家税务总局关于研发费用税前加计扣除归集范围有关问题的公告》（国家税务总局公告2017年第40号）明确为“委托方实际支付给受托方的费用”。该公告肯定了笔者的观点，但也使这个问题不再有争议，笔者只得忍痛割爱删掉相关内容。这种刚写完就有新政策出来的情况并不少见，笔者不厌其烦地修改，就是要为读者呈现真正有争议的问题。

除了有益于企业，对于税务机关来说，本书同样适用。这些争议问题同样困扰着税务人员，因此本书也可以为税务人员在解决这些争议问题时提供帮助。

由于笔者水平和经验有限，书中不足之处在所难免，欢迎读者指正。

马泽方

2018年2月

CONTENTS

目录

01 收　入 001

02 税前扣除 043

04 税收优惠 267

ANALYSIS OF 100
CORPORATE INCOME TAX
Controversial Issues

01
收　入

争议 1
先开具发票是否就要确认企业所得税收入

企业开具了发票，是否就要确认企业所得税收入，缴纳企业所得税？

▶▶ 正方：企业开具了发票就要确认企业所得税收入

商业预付卡未实际消费时，风险和报酬尚未转移，企业所得税方面也不确认收入。但是如果超市在发售卡收款时就开具发票，对已开具发票的应确认收入缴纳企业所得税。[1]

在稽查实践中，有的稽查人员要求若企业先开具发票缴纳了增值税，就要确认企业所得税收入，理由就是开具发票即确认收入。

---

[1] 李卫国.未消费的预付卡财税处理不可任性[N].中国税务报,2016-02-26（B4）.

企业销售预付卡，先开具发票先确认收入的规定在营改增之后发生变化。根据《国家税务总局关于营改增试点若干征管问题的公告》（国家税务总局公告2016年第53号）第三、第四条规定，企业销售预付卡，开具增值税普通发票，但不缴纳增值税，待持卡人实际消费时缴纳增值税。与企业所得税上的规定一致。

▶▶ 反方：企业开具了发票不一定要确认企业所得税收入

企业所得税上没有"开具发票即确认收入"的规定，即使企业已开具发票，若不符合企业所得税收入确认原则，也不确认企业所得税收入。

解 析

首先，从两税收入确认条件来看。

增值税方面。《中华人民共和国增值税暂行条例》第十九条规定："增值税纳税义务发生时间：（一）发生应税销售行为，为收讫销售款项或者取得索取销售款项凭据的当天；先开具发票的，为开具发票的当天。"《财政部 国家税务总局关于全面推开营业税改征增值税试点的通知》（财税〔2016〕36号）附件1《营业税改征增值税试点实施办法》第四十五条规定："增值税纳税义务、扣缴义务发生时间为：（一）纳税人发生应税行为并收讫销售款项或者取得索取销售款项凭据的当天；先开具发票的，为开具发票的当天。"

企业所得税方面。《国家税务总局关于确认企业所得税收入若干问题的通知》（国税函〔2008〕875号）第一条规定："除企业所得税法及实施条例另有规定外，企业销售收入的确认，必须遵循权责发生制原则和实质重于形式原则。（一）企业销售商品同时满足下列条件的，应确认收入的实现：1. 商品销售合同已经签订，企业已将商品所有权相关的主要风险和报酬转移给购货方；2. 企业对已售出的商品既没有保留通常与所有权相联系的继续管理权，也没有实施有效控制；3. 收入的金额能够可靠地计量；4. 已发生或将发生的销售方的成本能够可靠地核算。"

关于增值税纳税义务发生时间，"先开具发票的，为开具发票的当天”，这是增值税上的规定，企业所得税上无此规定。商业企业销售预付卡时，货物的风险和报酬尚未转移，不符合国税函〔2008〕875 号文件规定的收入确认四项条件，不能确认企业所得税收入。

其次，从两税收入确认原则来看。

增值税方面。“先开具发票的，为开具发票的当天”是收付实现制。

企业所得税方面。《中华人民共和国企业所得税法实施条例》（以下简称《企业所得税法实施条例》）第九条规定：“企业应纳税所得额的计算，以权责发生制为原则，属于当期的收入和费用，不论款项是否收付，均作为当期的收入和费用；不属于当期的收入和费用，即使款项已经在当期收付，均不作为当期的收入和费用。本条例和国务院财政、税务主管部门另有规定的除外。”

由此可见，增值税遵循收付实现制，企业所得税遵循权责发生制。

举例说明如下：

企业出租一栋房屋，年租金 111 万元，一次性收取 3 年租金。会计处理如下：

借：银行存款　　3 330 000

　贷：预收账款　　2 000 000

　　　主营业务收入　　1 000 000

　　　应交税费——应交增值税（销项税额）　　330 000

《营业税改征增值税试点实施办法》第四十五条第二款规定：“纳税人提供建筑服务、租赁服务采取预收款方式的，其纳税义务发生时间为收到预收款的当天。”

《国家税务总局关于贯彻落实企业所得税法若干税收问题的通知》（国税函〔2010〕79 号）第一条规定：“根据《实施条例》第十九条的

规定，企业提供固定资产、包装物或者其他有形资产的使用权取得的租金收入，应按交易合同或协议规定的承租人应付租金的日期确认收入的实现。其中，如果交易合同或协议中规定租赁期限跨年度，且租金提前一次性支付的，根据《实施条例》第九条规定的收入与费用配比原则，出租人可对上述已确认的收入，在租赁期内，分期均匀计入相关年度收入。”

本例中，收取租金当年，企业确认增值税销售额 300 万元，企业所得税营业收入 100 万元。

结　论

企业所得税收入的确认以企业所得税收入确认原则为准，与企业是否先开具发票无关。

争议 2
自产产品视同销售是否一定有补税

企业以自产产品视同销售，成本 80 万元，市场价值 100 万元，在会计上未确认收入，被税务机关检查发现，企业是否一定会补税？

▶▶ 正方：自产产品视同销售一定有补税

《国家税务总局关于企业所得税有关问题的公告》（国家税务总局公告 2016 年第 80 号）第二条规定："企业发生《国家税务总局关于企业处置资产所得税处理问题的通知》（国税函〔2008〕828 号）第二条规定情形的，除另有规定外，应按照被移送资产的公允价值确定销售收入。"因此，上述企业视同销售收入为 100 万元，视同销售成本为 80 万元，视同销售所得为 20 万元，应补缴税款。

▶▶ 反方：自产产品视同销售不一定有补税

企业以自产产品视同销售，以其市场价值确认视同销售收入，产品成本确认视同销售成本，以该产品市场价值作为视同销售产品所对应支出的计税基础，不一定产生补税。

解　析

对于这个问题需要举例说明。

案例基本情况

税务机关对辖区内两家企业进行税务检查，发现两家企业都存在以自产产品发放职工福利的行为，具体情况如下：

甲公司财务核算执行《企业会计制度》。2015年2月，公司以自产产品作为春节福利发放给职工，该自产产品成本为80万元，市场价值为100万元。该公司适用的增值税税率为17%，已开具增值税专用发票，但企业所得税未进行处理，当年度工资薪金支出为1 000万元。

乙公司与甲公司情况相同，但财务核算执行《企业会计准则》，以自产产品发放的职工福利已在会计上确认销售收入。

税务机关对以上两家企业处理如下：

《企业所得税法实施条例》第二十五条规定："企业发生非货币性资产交换，以及将货物、财产、劳务用于捐赠、偿债、赞助、集资、广告、样品、职工福利或者利润分配等用途的，应当视同销售货物、转让财产或者提供劳务，但国务院财政、税务主管部门另有规定的除外。"因此企业以自产产品发放职工福利的行为应当视同销售。

甲公司：确认视同销售收入100万元，视同销售成本80万元，调增应纳税所得额20万元，补缴企业所得税：20×25%=5（万元），并加收滞纳金。

乙公司：已经在会计上确认了销售收入，不用进行纳税调整。

企业以外购产品视同销售没有所得，以自产产品视同销售一定会有补税，这是很多人的共识，但实际情况是这样的吗？

存在的问题

上述处理看似没有什么问题，但对比后我们会发现：

■ **同一业务会计处理不同但利润相同**

由于两家企业执行的会计政策不同，导致同一业务会计处理不同。

（1）甲公司的会计处理为：

借：管理费用——职工福利费　　970 000

　贷：应付工资——职工福利费　　970 000

借：应付工资——职工福利费　　970 000

　贷：库存商品　　800 000

　　应交税费——应交增值税（销项税额）　　170 000

甲公司该项业务不确认销售收入、不结转成本，确认职工福利费970 000元。

甲公司此项业务的利润为 –970 000 元。

（2）乙公司的会计处理为：

借：管理费用——职工福利费　　1 170 000

　贷：应付职工薪酬——职工福利费　　1 170 000

借：应付职工薪酬——职工福利费　　1 170 000

　贷：主营业务收入　　1 000 000

　　应交税费——应交增值税（销项税额）　　170 000

借：主营业务成本　　800 000

　贷：库存商品　　800 000

乙公司该项业务确认销售收入 100 万元，结转成本 80 万元，确认职工福利费 117 万元。

乙公司此项业务的利润 =100–80–117=–97（万元）。

综上，两家企业同一业务的会计处理虽然不同，但利润是相同的。

■ **同一业务会计处理不同但应纳税所得额不同**

由于两家企业会计处理不同，纳税调整也不相同：

甲公司应纳税所得额 =–97+100–80=–77（万元）；

乙公司应纳税所得额 = 会计利润 =–97（万元）。

两家企业同一业务的会计处理不同，应纳税所得额也不相同，乙公司应纳税所得额明显低于甲公司，导致不同企业同一业务的税收负担不同。

无论企业使用什么样的会计方法，会计利润都是相同的，证明了会计上是公平的，但税收负担却不相同，税收上变得不公平了。

税务处理

对于自产产品视同销售是否必然产生应纳税所得额，目前很有争议，问题的关键在于视同销售产品所对应支出的计税基础如何确认。

企业以自产产品用于职工福利、广告宣传、业务招待、捐赠等应视同销售行为，视同销售收入为该自产产品的市场价值，视同销售成本为该自产产品的会计成本，由此产生视同销售所得，这是没错的。但此时视同销售产品所对应支出的计税基础发生了变化。笔者认为，视同销售产品所对应支出的计税基础为其公允价值。

首先，在会计处理上，企业未取得收入，以自产产品成本确认相关支出；在税务处理上，企业以公允价值确认视同销售收入，但不能再以自产产品成本确认相关支出，否则将造成税收收入与会计支出相配比的谬误。

其次，在市场经济条件下，企业作为理性经济人，生产产品以销售并取得收入为目的。视同销售看似没有取得收入，但可视为企业以非货币形式购买了自己的产品用于职工福利、广告宣传、业务招待、捐赠等，根据《企业所得税法实施条例》第七十二条第二款第二项的规定，“通过支付现金以外的方式取得的存货，以该存货的公允价值和支付的相关税费为成本”，该自产产品用于视同销售所对应支出的计税基础为其公允价值。

最后，我们讨论该问题的根本目的在于保证公平。在实务中，这种公平很难测算，必须通过模型比对来验证。

■ **模型一：不超过扣除限额的税务处理**

以上述甲公司为例，其账载的职工福利费为97万元，但计税的职工福利费应为117万元，计算税前扣除的职工福利费也为117万元，而不是97万元，因此调减20万元（117–97）；税前扣除限额=1 000×14%=140>117（万元），可以全额扣除。

因此，视同销售产生的所得20万元又被多扣除的职工福利费20万元冲减了，未产生应纳税所得额，甲公司无须补缴税款，与乙公司税负相同。具体见表1：

表1　甲公司纳税调整情况

单位：万元

项　目	账载金额	税收金额	调增金额	调减金额
视同销售收入	—	—	100	—
视同销售成本	—	—	—	80
工资薪金支出	1 000	1 000	0	0
职工福利费支出	97	117		20
合计	—	—	100	100

■ **模型二：超过扣除限额的税务处理**

若甲公司当年度工资薪金支出为700万元，首先，计税的职工福利费为117万元，调减20万元（117–97）；其次，职工福利费税收扣除限额=700×14%=98<117（万元），可以税前扣除的职工福利费为98万元，调增19万元（117–98）。

因此，甲公司应调增应纳税所得额19万元（100–81）。

我们再来对比一下相同条件（当年度工资薪金支出为700万元）下乙公司的税务处理。乙公司调增的应纳税所得额也为19万元，与甲公司税负相同。具体见表2：

表2　乙公司纳税调整情况

单位：万元

项　目	账载金额	税收金额	调增金额	调减金额
视同销售收入	—	—	100	—
视同销售成本	—	—	—	80
工资薪金支出	700	700	0	0
职工福利费支出	97	98		1
合计	—	—	100	81

通过模型比对我们发现，若按照传统视同销售进行税务处理，将导致税收不公平。因此，自产产品视同销售所对应支出的计税基础应为该自产产品的公允价值，这样无论企业适用何种会计方法，是否超过扣除限额，税负都是相同的，维护了税法的公平性原则。

税收最重要的特性在于其公平性，税法一经确定，缴纳税款的多少应由公司的生产经营活动决定，而不受执行的会计政策的影响。不管企业执行什么样的会计政策，其缴纳的税款都应当是相同的，这样才能体现税收的公平性。

从财税〔2016〕45 号文件看

上述结论我们可以从一个文件的表述中看出来。《财政部 国家税务总局关于公益股权捐赠企业所得税政策问题的通知》（财税〔2016〕45号）第二条规定："企业实施股权捐赠后，以其股权历史成本为依据确定捐赠额，并依此按照企业所得税法有关规定在所得税前予以扣除。"正因为自产产品视同销售对应支出的计税基础是其公允价值，所以股权捐赠视同销售所对应捐赠支出的计税基础是股权的公允价值，将导致捐赠支出计税基础巨大，超过利润总额 12% 的部分不能税前扣除。因此，财税〔2016〕45 号文件规定股权捐赠视同销售"以其股权历史成本为依据确定捐赠额"，而不是公允价值。如果自产产品视同销售所对应支出的计税基础为历史成本的观点是正确的，财税〔2016〕45 号文件也就没有必要再重复了。

结 论

企业以自产产品视同销售，视同销售产品所对应支出的计税基础为其公允价值，在不超过税前扣除限额的前提下，不必然有补税。

争议 3
视同销售收入是否含税

甲公司以自产产品用于广告宣传，成本 80 万元，市场不含税售价 100 万元，会计处理如下：

借：销售费用　　97

　贷：库存商品　　80

　　　应交税费——应交增值税（销项税额）　　17

在税收上应视同销售，视同销售收入是多少？

▶▶ 正方：视同销售收入为含税的 117 万元

《国家税务总局关于企业所得税有关问题的公告》（国家税务总局公告 2016 年第 80 号）第二条规定："企业发生《国家税务总局关于企业处置资产所得税处理问题的通知》（国税函〔2008〕828 号）第二条规定情形的，除另有规定外，应按照被移送资产的公允价值确定销售收入。"该自产产品公允价值为 117 万元，因此视同销售收入为 117 万元。

▶▶ 反方：视同销售收入为不含税的 100 万元

无论会计还是税法，确认的收入都为不含税收入，因此，视同销售收入不应包括增值税销项税额，为 100 万元。

解　析

我们先来看何为公允价值。

会计上，《企业会计准则第 39 号——公允价值计量》第二条规定："公允价值，是指市场参与者在计量日发生的有序交易中，出售一项资产所能收到或者转移一项负债所需支付的价格。"

在会计准则中，不同具体准则对公允价值是否含税规定是不一致的，如非货币性资产交换准则中，公允价值就不含税，而债务重组准则中，公允价值就含税。

税收上，《企业所得税法实施条例》第十三条规定："企业所得税法第六条所称企业以非货币形式取得的收入，应当按照公允价值确定收入额。前款所称公允价值，是指按照市场价格确定的价值。"

因此，简单地说，公允价值基本为市场价格，本例中自产产品市场价格为 117 万元，所以视同销售收入为 117 万元。纳税调整为：

调增视同销售收入 117 万元，调增视同销售成本 97 万元，调增视同销售所得 20 万元；广告费和业务宣传费账载金额 97 万元，税收金额 117 万元，调减 20 万元。综合纳税调整为零。

视同销售收入不含税的观点认为收入不应包含增值税。本例纳税调整为：

调增视同销售收入 100 万元，调增视同销售成本 80 万元，调增视同销售所得 20 万元；广告费和业务宣传费账载金额 97 万元，税收金额 117 万元，调减 20 万元。综合纳税调整为零。

争议的焦点在于视同销售收入，即公允价值是否含税。若视同销售收入包含增值税销项税额，视同销售成本也要包含增值税进项税额；若视同销售收入不包含增值税销项税额，视同销售成本也不包含增值税进项税额。

既然纳税调整都是零，讨论该问题有何意义？意义在于“三费”（业务招待费、广告费和业务宣传费）计算税前扣除基数为营业收入加视同销售收入，若视同销售收入含税，企业“三费”计算税前扣除基数大，可税前扣除的“三费”多，对企业有利。

结　论

建议咨询主管税务机关。

争议 4
外购资产视同销售的公允价值按何时确认

甲公司外购一批洗发水，春节前作为福利发放给职工。发放洗发水时，厂家春节大促销，该洗发水降价 20%。那么，该批洗发水视同销售收入是多少？

▶▶ 正方：按照甲公司购买洗发水时的公允价值确认视同销售收入

按照甲公司购买洗发水时的公允价值确认视同销售收入，视同销售所得为零。

▶▶ 反方：按照甲公司发放洗发水时的公允价值确认视同销售收入

按照甲公司发放洗发水时的公允价值确认视同销售收入，视同销售所得为负。

解　析

《国家税务总局关于企业所得税有关问题的公告》（国家税务总局公告 2016 年第 80 号）第二条："企业发生《国家税务总局关于企业处

置资产所得税处理问题的通知》(国税函〔2008〕828号)第二条规定情形的，除另有规定外，应按照被移送资产的公允价值确定销售收入。”这里的“被移送资产”是以该资产购入时的公允价值确定销售收入，还是以该资产移送时的公允价值确定销售收入？

还有类似例子，如乙公司外购一批电脑，六一节前通过市教委捐赠给希望小学。该批电脑视同销售收入是多少？若按照新电脑公允价值确认视同销售收入，视同销售所得为零；若按照二手电脑公允价值确认视同销售收入，视同销售所得为负。虽然该批电脑乙公司并没有使用，但众所周知，电脑、手机包括汽车等动产，一旦买了，再怎么卖也卖不出原价了。

我们先来梳理一下外购资产视同销售收入的政策沿革。

《国家税务总局关于企业处置资产所得税处理问题的通知》(国税函〔2008〕828号)第三条规定：“企业发生本通知第二条规定情形时，属于企业自制的资产，应按企业同类资产同期对外销售价格确定销售收入；属于外购的资产，可按购入时的价格确定销售收入。”即外购资产按照购入时的价格确定视同销售收入，由于该资产成本也是其购入时的价格，因此外购资产视同销售所得一般为零。

但是，若企业将购入几年后的固定资产视同销售，视同销售收入为购入时的价格，视同销售成本为该固定资产净值，产生视同销售所得，显然与企业实际生产经营情况不符，引发异议。

国家税务总局公告2016年第80号第二条废止了国税函〔2008〕828号文件第三条，无论是企业自制的资产，还是外购的资产，统一按照被移送资产的公允价值确定销售收入。

因此上述问题又来了：是以该资产购入时的公允价值确定销售收

入，还是以该资产移送时的公允价值确定视同销售收入?

从政策沿革来看，政策本意应为外购资产视同销售无所得，因为商品的价格是在不断变化的，若按照移送时的公允价值来确定视同销售收入，将带来较大征管难度，因此应按照购入资产时的公允价值确定视同销售收入。

有人认为，按照购入资产时的公允价值确定视同销售收入，企业“亏”了。若如上例，企业确实“亏”了。但若企业是在促销时购入的，移送时恢复原价了，企业不就“赚”了吗?

结　论

外购资产视同销售收入按购入时的公允价值确认。

争议5
企业自产产品用于食堂是否视同销售

所有餐饮企业都包食宿，其员工餐是否应视同销售？

▶▶ 正方：企业自产产品用于食堂应视同销售

《国家税务总局关于企业处置资产所得税处理问题的通知》（国税函〔2008〕828号）第二条规定："企业将资产移送他人的下列情形，因资产所有权属已发生改变而不属于内部处置资产，应按规定视同销售确定收入。"餐饮企业的员工餐属于餐饮企业的自产产品，员工用餐属于"资产所有权属已发生改变"，因此应当视同销售。

▶▶ 反方：企业自产产品用于食堂不视同销售

餐饮企业的员工餐所有权属并未发生转移，不用视同销售。

解　析

这是一个集体福利与职工福利的区别问题。宽泛地说，职工福利是给职工个人的福利，集体福利是给整个企业所有职工的福利。通俗地说，集体福利是拿不走的，如食堂的饭菜、浴室的热水等。职工福利是拿得走的，如节日食品。同样是企业自产或外购的大米，若用于职工食堂，则为集体福利；若发放给员工，则为职工福利。若集体福利所有权属没有发生改变，则不视同销售；若职工福利所有权属没有发生改变，则不视同销售。

退一步讲，若餐饮企业的员工餐视同销售，根据《国家税务总局关于企业所得税有关问题的公告》（国家税务总局公告 2016 年第 80 号）第二条的规定“企业发生《国家税务总局关于企业处置资产所得税处理问题的通知》（国税函〔2008〕828 号）第二条规定情形的，除另有规定外，应按照被移送资产的公允价值确定销售收入”，应按餐饮企业同类资产同期公允价值确定视同销售收入。餐饮企业的员工餐不对外销售，如果需要确认一盘西红柿炒鸡蛋或者土豆丝的价格，将给征管带来难度。

结　论

企业自产产品用于集体福利所有权属未发生改变，不视同销售。

争议 6
过期预付卡内未消费金额是否确认收入

某商场销售的购物卡上标明有效期一年，有效期满后，尚有 10 万元卡内金额未消费，此金额是否应确认为商场的收入？

▶▶ 正方：过期购物卡内未消费金额应确认收入

由于购物卡过期作废，卡内未消费金额全部归属于售卡企业，应当于过期日确认为收入。

▶▶ 反方：过期购物卡内未消费金额不确认收入

即使购物卡超过有效期，其卡内未消费金额仍属于持卡人，售卡企业不确认收入。

解 析

售卡企业在销售预付卡时不确认收入，待持卡人实际消费确认收入，预付卡过期后，其卡内未消费金额是否应确认为售卡企业收入？

该问题的关键在于商场能否规定预付卡到期即失效。

《单用途商业预付卡管理办法（试行）》（中华人民共和国商务部令

2012年第9号）第十九条规定："记名卡不得设有效期；不记名卡有效期不得少于3年。发卡企业或售卡企业对超过有效期尚有资金余额的不记名卡应提供激活、换卡等配套服务。"《支付机构预付卡业务管理办法》（中国人民银行公告〔2012〕第12号）第八条规定："记名预付卡应当可挂失，可赎回，不得设置有效期。不记名预付卡不挂失，不赎回，本办法另有规定的除外。不记名预付卡有效期不得低于3年。预付卡不得具有透支功能。发卡机构发行销售预付卡时，应向持卡人告知预付卡的有效期及计算方法。超过有效期尚有资金余额的预付卡，发卡机构应当提供延期、激活、换卡等服务，保障持卡人继续使用。"

首先，不论商场销售的不记名预付卡标注有效期为几年，实际有效期都至少为3年；其次，即使超过有效期预付卡失效，商场也有义务对尚有资金余额的购物卡提供激活、换卡等配套服务。也就是说，商场不能因为购物卡超过其规定的有效期就告诉持卡人卡内金额作废。

因此，预付卡过期，从法律上讲卡内未消费完的余额的所有权仍然属于持卡人，而不是商场，此时不能将其确认为商场的收入。

但是，对于过期未消费的预付卡，商场也不能永远不确认收入。为在税收征管中操作方便，建议预付卡到期且未延期的，在卡上标明的有效期届满时确认收入，事后持卡人延期再消费不再确认收入；预付卡到期已延期的，在延期届满时确认收入。

结　论

建议预付卡到期且未延期的，在卡上标明的有效期届满时确认收入，事后持卡人延期再消费不再确认收入；预付卡到期已延期的，在延期届满时确认收入。

争议 7
财政性资金未按规定用途使用是否还能作为不征税收入

某企业取得一笔财政性资金，作为不征税收入处理。资金拨付文件明确规定应用于研发，但该企业将其用于其他用途，这笔资金还能否作为不征税收入？

▶▶ 正方：财政性资金未按规定用途使用能作为不征税收入

没有政策规定财政性资金未按规定用途使用不能作为不征税收入，因此可以作为不征税收入。[1]

▶▶ 反方：财政性资金未按规定用途使用不能作为不征税收入

企业私自挪用了财政专项资金，没有按照有关文件规定将这些财政拨付专款专用。这样，这笔资金就失去了作为不征税收入必须满足的两

[1] 马泽方．财政性资金未按规定用途使用属不征税收入吗 [N]. 中国税务报，2017-11-07（B3）.

个条件，即专门管理和单独核算。[1]

解　析

企业取得的财政性资金是否作为不征税收入，其依据是《财政部 国家税务总局关于专项用途财政性资金企业所得税处理问题的通知》(财税〔2011〕70号）第一条规定："企业从县级以上各级人民政府财政部门及其他部门取得的应计入收入总额的财政性资金，凡同时符合以下条件的，可以作为不征税收入，在计算应纳税所得额时从收入总额中减除:(一）企业能够提供规定资金专项用途的资金拨付文件；(二）财政部门或其他拨付资金的政府部门对该资金有专门的资金管理办法或具体管理要求；（三）企业对该资金以及以该资金发生的支出单独进行核算。"

本例中的企业能够提供规定资金专项用途的资金拨付文件，拨付资金的政府部门对该资金有专门的资金管理办法或具体管理要求，企业对该资金以及以该资金发生的支出单独进行核算。符合财税〔2011〕70号文件第一条的要求，可以作为不征税收入。

税收政策并未规定财政性资金必须按照规定用途使用。因此，财政性资金未按规定用途使用就不属于不征税收入，法律依据不足。

不征税收入税收管理的重点是收入暂不征税，支出不能扣除，至于是否按照规定用途使用，税收上并不关心。只要其对应的支出没有扣除，是否按照规定用途使用，对税收没有影响，也就没有税务风险。

[1] 张科，管文兵.是财政拨付资金就能作为不征税收入吗[N].中国税务报，2017-08-01（B3）.

几乎所有财政性资金都会规定专款专用，不得挪作他用，财政部门和审计部门对此有严格的检查。税收政策没有规定财政性资金未按规定用途使用就不能作为不征税收入，若符合财税〔2011〕70号文件规定的相关条件，就可以作为不征税收入。但税务机关若发现企业将财政性资金挪作他用，可以向相关政府部门反映。

结 论

财政性资金未按规定用途使用也能作为不征税收入。

争议 8
集团公司将财政性资金拨付给成员单位使用，后者能否作为不征税收入

政府部门拨付给某集团公司一笔财政性资金，规定用于某地基础设施建设。集团公司将该笔财政性资金拨付给当地子公司，子公司单独核算，其能否作为不征税收入？

▶▶ 正方：子公司可以作为不征税收入

没有政策规定财政性资金必须给资金接受单位，实际使用单位也可以作为不征税收入。

▶▶ 反方：子公司不能作为不征税收入

该财政性资金是给集团公司的，不是给子公司的，拨付文件上的抬头也是该集团公司，因此，只有集团公司才能作为不征税收入，子公司不能作为不征税收入。

解 析

如上所述，企业取得的财政性资金是否作为不征税收入，其依据是财税〔2011〕70号文件第一条，正如其并未规定财政性资金应专款专用一样，其也未规定财政性资金必须由拨付文件抬头上的企业使用。成员单位实际使用该财政性资金，对该资金以及以该资金发生的支出单独进行核算，符合财税〔2011〕70号文件第一条要求的，可以作为不征税收入。

结 论

集团公司将财政性资金拨付给成员单位使用，后者可以作为不征税收入。

争议 9
“后补助”专项资金是否可以作为不征税收入

某市政府为鼓励企业创新，规定企业自行研发，研发成果验收合格后按照企业投入金额的一定比例给予政府补助，称为“后补助”。甲公司自行研制的设备经政府科技部门验收合格后获得了 10 万元政府补助，并取得了相关政府文件。企业将其作为不征税收入全额调减，设备按 10 年计提折旧，不征税收入部分对应的折旧额每年调增。企业能否将该笔政府补助作为不征税收入？

▶▶ 正方：“后补助”专项资金可以作为不征税收入

“后补助”专项资金是一种新生事物，符合不征税收入的原理，可以作为不征税收入。

▶▶ 反方：“后补助”专项资金不能作为不征税收入

“后补助”专项资金不符合财税〔2011〕70 号文件规定的三项条件，不能作为不征税收入。

解 析

2013 年，财政部、科技部联合印发的《国家科技计划及专项资金后补助管理规定》（财教〔2013〕433 号）对后补助的定义为："本规定所称后补助，是指从事研究开发和科技服务活动的单位先行投入资金，取得成果或者服务绩效，通过验收审查或绩效考核后，给予经费补助的财政资助方式。"

目前我国科技专项资金大都采取先补助的形式，即企业事前立项，政府给予补助，企业得到补助款后用于研发。这种形式有利于缓解企业的资金压力，但存在资金使用"撒胡椒面"、科技成果转化率较低等问题。"后补助"作为财政支持科技的新方式，"先实施，后拨款"，意味着由企业先行投入、组织研发，形成由市场决定技术创新项目和资金分配。这种补助方式面向结果补贴资金，促使财政资金花在刀刃上，能够激发企业科技创新和将创新转换为成果的积极性。但这给不征税收入税收管理提出了新课题。

否定派（不属于不征税收入）认为，根据财税〔2011〕70 号文件第一条规定的三项条件，对于"后补助"来说，企业可以符合第二项条件，但第一、第三项条件容易引发争议。

首先，"后补助"是为了补偿企业研发所发生的支出，由于研发已完成，也就无须再规定补助的"专项用途"。2014 年 8 月 11 日，财政部、科技部有关负责人在就《国家科技计划及专项资金后补助管理规定》答记者问中明确了这一点："后补助项目不再组织资金过程管理和财务验收"，企业可以任意使用该资金，因此企业也就无法"提供规定资金专项用途的资金拨付文件"。其次，"企业对该资金以及以该资金发生的单独进行核算”显然是对“先补助”而言的，企业取得政府补助，支出时单独核算，但对于“后补助”，一方面，企业在支出时使用的是自有资金，很可能没有“单独进行核算”，如上例，“后补助”的金额小于企业支出的金额，企业不可能将尚未取得的10万元在研制设备时“单独进行核算”；另一方面，企业取得政府补助时支出已经完成，企业已经无法再对“该资金发生的支出单独进行核算”。因此不符合不征税收入条件。

肯定派（属于不征税收入）认为，现行财政部、国家税务总局政策针对的是传统的“先补助”，新兴的“后补助”明显比“先补助”更严格，也应可以认定为不征税收入。企业先支出时单独核算，完成后取得不大于支出金额的政府补助可以作为不征税收入，超过支出金额的部分作为政府奖励属于征税收入。

2017年修订的《企业会计准则第16号——政府补助》增加了净额法，解决了“后补助”的会计处理问题，其第八条规定：“与资产相关的政府补助，应当冲减相关资产的账面价值或确认为递延收益。”举例来说，企业自行建造一台设备账面价值100万元，政府“后补助”20万元，采用净额法，该设备账面价值为80万元，按照5年计提折旧，每年折旧16万元。也有人认为净额法解决了“后补助”的不征税收入问题。企业收到20万元政府补助确认为应税收入，调增20万元，固定资产计税基础增加20万元，固定资产计税基础为100万元，可税前扣除的折旧为20万元（100÷5），调增折旧4万元（20–16）；若可以作为不征税收入，则调减20万元，不征税收入对应的折旧调增4万元，纳税调整合计=20（政府补助）–20（不征税收入）–4（折旧）+4（不征税收入用于支出所形成的固定资产对应的折旧）=0，因此是否作为不征税收入对企业没有影响。

笔者认为，作为不征税收入确实对企业没有影响，但若无法作为不征税收入，对企业就有重大影响了。接上例，若税务机关认为不符合财税〔2011〕70号文件第一条规定的三项条件，不能作为不征税收入，则政府补助确认为应税收入，调增20万元，固定资产计税基础增加20万元，相应折旧调增4万元，纳税调整合计=20-4=16（万元）。

因此，能否作为不征税收入十分重要。

笔者认为，企业取得“先补助”有可能不专款专用，但“后补助”是政府等企业把钱花完并形成成果后再给予的补助，避免了政府资金的无效使用，明显比“先补助”更严格，应可属于不征税收入。在现行政策下，能否另辟蹊径，如前所述，笔者认为，政府补助未按规定用途使用也能作为不征税收入，那么，在企业能满足财税〔2011〕70号文件第一条规定的第一、二项条件的前提下，对“后补助”财政性资金“发生的支出单独进行核算”，以满足不征税收入条件。

结　论

建议在现行政策下，可从宽处理。

争议 10
管网建设费一次性确认收入还是分期确认收入

供热企业一次性收取的管网建设费，是应当一次性确认收入还是分期确认收入？

▶▶ 正方：管网建设费应一次性确认收入

供热企业一次性收取的管网建设费，无论从性质上，还是用途上，均属于特许权使用费收入。根据《企业所得税法实施条例》第二十条的规定，在使用人一次性交纳管网建设费的日期确认收入的实现；使用人提前交纳或者未按约定日期交纳管网建设费的，按实际收到管网建设费的日期确认收入。[1]

▶▶ 反方：管网建设费应分期确认收入

企业界人士普遍支持供热企业一次性收取的管网建设费分期确认收

---

[1] 孙玉英，魏民．一次性取不能分期确认收入 [N]. 中国税务报，2015-12-18（B2）.

入、分期征税，认为这样比较合理。[1]

解 析

目前，企业对供热企业一次性收取的管网建设费的税务处理分歧较大。即便是税务机关，对此也有不同看法。

《吉林省地方税务局 吉林省国家税务局关于供热企业收取的一次性入网费征收企业所得税问题的通知》（吉地税发〔2008〕137号）规定："根据《中华人民共和国企业所得税法实施条例》第二十条规定，供热企业取得的一次性入网费收入，按照合同约定的使用人应付一次性入网费的日期确认收入的实现；使用人提前付款或者未约定付款日期的，以实际收到一次性入网费的日期确认收入的实现。"

《河北省地方税务局关于企业所得税若干业务问题的公告》（河北省地方税务局公告2014年第4号）第十一条规定："对企业因生产经营需要而向电力、供气、供水、供热等单位缴纳的电力增容费、管网建设费、集中供热初装费，应作为其他长期待摊费用，自支出发生月份的次月起，分期摊销，摊销期限不得低于3年。相关单位收取的上述费用，应计入收入总额，在3年内均匀计入其当年应纳税所得额计征企业所得税。"

笔者的观点如下：

首先，管网建设费不属于特许权使用费收入。《企业所得税法实施条例》第二十条规定："企业所得税法第六条第（七）项所称特许权使用费收入，是指企业提供专利权、非专利技术、商标权、著作权以及其

---

[1] 张剀．管网建设费收入：究竟如何计征所得税[N]．中国税务报，2016-02-19（B2）．

他特许权的使用权取得的收入。”因此，特许权使用费收入指的是企业提供无形资产使用权取得的收入，供热管网不是无形资产，所以不是特许权使用费收入。

其次，管网建设费属于特许权费收入。《国家税务总局关于确认企业所得税收入若干问题的通知》（国税函〔2008〕875号）第二条第四款第七项规定：“特许权费。属于提供设备和其他有形资产的特许权费，在交付资产或转移资产所有权时确认收入；属于提供初始及后续服务的特许权费，在提供服务时确认收入。”用户只有交纳了管网建设费，才有享受集中供热的资格，供热管网是有形资产，因此属于特许权费，而其所有权并不转移，又属于提供初始及后续服务的特许权费，应在提供服务时确认收入。

最后，可参考会计处理。《财政部关于印发〈关于企业收取的一次性入网费会计处理的规定〉的通知》（财会〔2003〕16号）第一条第一款规定：“企业按照国家有关部门批准的收费标准和合同约定在取得入网费收入时，应借记‘银行存款’等科目，贷记‘递延收益’科目。记入‘递延收益’科目的金额应按合理的期限平均摊销，分期确认为收入。确认收入时，应借记‘递延收益’科目，贷记‘主营业务收入’等科目。”第二款规定：“企业应按以下原则确定对已记入‘递延收益’科目的入网费适用的分摊期限：1. 企业与客户签订的服务合同中明确规定了未来提供服务的期限，应按合同中规定的期限分摊。2. 企业与客户签订的服务合同中没有明确规定未来提供服务的期限，但企业根据以往的经验和客户的实际情况，能够合理确定服务期限的，应在该期限内分摊。3. 企业与客户签订的服务合同中没有明确规定未来应提供服务的期限，也无法对提供服务期限做出合理估计的，则应按不低于10年的期限分摊。”

《国家税务总局关于发布〈中华人民共和国企业所得税年度纳税申

报表（A类，2017年版）〉的公告》（国家税务总局公告2017年第54号）中的新版年度申报表填报说明规定："企业在计算应纳税所得额及应纳所得税时，企业会计处理与税收规定不一致的，应当按照税收规定计算。税收规定不明确的，在没有明确规定之前，暂按国家统一会计制度计算。"

若供热企业一次性收取的管网建设费属于税法规定不明确的，那么暂按企业财务、会计规定计算。

《宁夏回族自治区国家税务局 宁夏回族自治区地方税务局关于明确企业所得税管理若干问题的公告》（宁夏回族自治区国家税务局 宁夏回族自治区地方税务局公告2013年第1号）第四条规定："根据《企业所得税法》及其实施条例和《财政部关于企业收取的一次性入网费会计处理的规定》（财会字〔2003〕16号），对企业一次性向服务对象收取的增容费、入网费等，如以后年度对其经营项目的建设、维护和管理另外收费的，在取得该笔一次性收费时即可确认收入，计入当期应纳税所得额；如一次性收费作为对其经营项目以后年度的维护和管理费用，不再向用户单独收取维护和管理费用的，应按10年的期限平均摊销确认为递延收益，从取得收入当年开始，可分期计入应纳税所得额。"

笔者比较赞同宁夏的做法。供热企业一次性收取管网建设费后，一般不再向用户单独收取维护和管理费用的，按10年的期限平均摊销确认为递延收益。

结　论

分歧比较大，建议咨询主管税务机关。

争议 11
如何判断企业的应付未付款项确实无法偿付

甲公司2014年2月从乙公司购入一批材料，货款100万元，已支付80万元，后因质量问题与乙公司产生纠纷，直到2017年底仍未支付剩余的20万元，一直挂在往来账上；2014年4月从丙公司购入一批材料，货款120万元，已支付90万元，后因质量问题与丙公司产生纠纷，直到2017年底仍未支付剩余的30万元，一直挂在往来账上。甲公司主管税务机关通过外调，发现乙公司已作为资产损失税前扣除，丙公司未作为资产损失未税前扣除。那么，甲公司这两笔应付未付款是否应当作为“确实无法偿付的应付款项”，计入2017年度应纳税所得额？

▶▶ 正方：若债权人已作为资产损失并税前扣除，债务人的应付款项即“确实无法偿付”，应计入应纳税所得额；若债权人虽未作为资产损失未税前扣除，但该应付未付款已逾期三年，债务人也应作为“确实无法偿付的应付款项”，应计入应纳税所得额

对于债务人应付未付的款项，若债权人已作为资产损失并税前扣除，说明债权人已不再追索，债务人的应付款项即“确实无法偿付”；

若债权人未作为资产损失未税前扣除，但已逾期三年未支付，可认为该应付款项“确实无法偿付”。

▶▶ 反方：无论债权人是否作为资产损失并税前扣除，都不能说明债务人的应付款项“确实无法偿付”

若债权人未作为资产损失并税前扣除，说明债权人仍认为款项可以追回；若仅凭债权人已作为资产损失并税前扣除就认定债权人已放弃追索权，债务人的应付款项“确实无法偿付”，证据不足。

解　析

《企业所得税法实施条例》第二十二条规定：“企业所得税法第六条第（九）项所称其他收入，是指企业取得的除企业所得税法第六条第（一）项至第（八）项规定的收入外的其他收入，包括企业资产溢余收入、逾期未退包装物押金收入、确实无法偿付的应付款项、已作坏账损失处理后又收回的应收款项、债务重组收入、补贴收入、违约金收入、汇兑收益等。”

如何判定“确实无法偿付的应付款项”是税收征管中的难点。在《企业所得税法》实施前，内资和外资所得税分别规定了逾期两年和三年的应付未付款，应计入应纳税所得额，但前提都是确实无法支付。

《企业所得税法》取消了年限的规定，又没有明确“确实无法偿付”的条件，由于企业能够找出各种理由证明该应付款项并非“确实无法偿付”，导致税务机关难以处理。

早期曾有观点认为，根据《国家税务总局关于印发〈企业资产损失所得税税前扣除管理办法〉的公告》（国家税务总局公告2011年第25号）

第二十三条规定："企业逾期三年以上的应收款项在会计上已作为损失处理的，可以作为坏账损失，但应说明情况，并出具专项报告。"相对应的，债务人三年以上应付未付的款项可定义为确实无法偿付的应付款项。但是，这种反推缺乏政策依据，不被纳税人和税务机关认可。

有的省级税务机关做出明确。我们先来看贵州。2013 年，《贵州省国家税务局 贵州省地方税务局关于企业所得税有关业务问题的公告》（贵州省国家税务局 贵州省地方税务局公告 2013 年第 7 号）第四条规定："企业因债权人原因确实无法支付或超过五年 (60 个月) 未支付的应付款项，应并入当期应纳税所得额缴纳企业所得税。企业如果能够提供确凿证据 (指债权人主管税务机关出具未在税前扣除的证明等有效证据) 证明债权人未在税前扣除的，可以不并入当期应纳税所得额。对并入应纳税所得额的应付款项在以后支付的，允许税前扣除。"

2014 年，《贵州省国家税务局 贵州省地方税务局关于确认企业无法支付的应付款项问题的公告》（贵州省国家税务局 贵州省地方税务局公告 2014 年第 23 号）废止了该条款，改为："企业确实无法支付的应付款项，应计入当期应纳税所得额缴纳企业所得税。债权人作资产损失在税前扣除的，债务人应并入当期应纳税所得额，缴纳企业所得税。"

2015 年，该条款又被《贵州省国家税务局 贵州省地方税务局关于废止税收规范性文件部分条款的公告》（贵州省国家税务局 贵州省地方税务局公告 2015 年第 16 号）废止。

在贵州省国地税公告 2015 年第 16 号解读中，废止理由解释为"《企业所得税法》及实施条例等上位法已明确将'确实无法偿付的应付款项作为其他收入'，下位法不需再明确"。

这个解释很让人费解，贵州省国地税公告 2014 年第 23 号给出的是确认企业无法支付的应付款项的方法，这个在上位法中并没有明确，需要下位法明确。是否是因为对上位法做出了扩大性解释，所以被废止，不得而知。

我们再来看贵州省国地税公告2014年第23号的解读。该解读解释了该政策出台的两个理由：一是在实务操作中，如何判断应付款项属于确实无法支付的款项，因缺乏明确具体的标准，不论从企业角度还是监督管理角度，都难以操作，而且存在较大争议；二是根据配比原则，扣除与收入两项政策应当保持一致，不论时间长短，一方作税前扣除，另一方则应作收入；已作资产损失税前扣除的应收款方在款项收回时应计入收入，应付款方在实际支付时可税前扣除。

会计中的配比原则是针对一个会计主体而言，税收中的配比原则也应是针对一个企业而言，一家企业作收入，另一家企业就必须作成本，政策依据不足。

再来看河北。《河北省地方税务局关于企业所得税若干业务问题的公告》（河北省地方税务局公告2014年第4号）第十条规定："企业因债权人原因确实无法支付的应付账款，包括超过三年未支付的应付账款以及清算期间未支付的应付账款，应并入当期应纳税所得额缴纳企业所得税。企业若能够提供确凿证据（指债权人承担法律责任的书面声明或债权人主管税务机关的证明等，能够证明债权人没有按规定确认损失并在税前扣除的有效证据以及法律诉讼文书）证明债权人没有确认损失并在税前扣除的，可以不并入当期应纳税所得额。已并入当期应纳税所得额的应付账款在以后年度支付的，在支付年度允许税前扣除。"

若企业能够提供确凿证据证明债权人没有确认损失并在税前扣除的，可以不并入当期应纳税所得额，能否反推出，若税务机关能够提供确凿证据证明债权人已确认损失并在税前扣除的，就可以并入当期应纳税所得额？

目前通行的做法是，若债权人已作为资产损失并税前扣除，则债务人的应付未付款项应计入当期应纳税所得额。但债权人已作为坏账损失并税前扣除，是否意味着其必然放弃追索权，毕竟税法也承认有“已作坏账损失处理后又收回的应收款项”的情况。而且，若债权人是自然人呢？

很多政策解读中都提到“三年”这个时限，显然其来源于国家税务总局公告 2011 年第 25 号第二十三条对坏账损失的规定。我们不妨借鉴以下民法的相关规定。

《财政部关于建立健全企业应收款项管理制度的通知》（财企〔2002〕513 号）第三条第三款规定：“企业对于债权人没有追索并超过诉讼时效的逾期应付款项，应当一并清查，并按照国家规定处理。”

《中华人民共和国民法总则》第一百八十八条规定：“向人民法院请求保护民事权利的诉讼时效期间为三年。法律另有规定的，依照其规定。”

按照《中华人民共和国民法总则》的一般规定，应付未付款到期三年后债权人仍没有追索的，将丧失人民法院对民事权利的保护，无法再主张民事权利。

笔者建议，债务人应付未付的款项，若债权人已作为资产损失并税前扣除，则债务人的应付未付款项应计入当期应纳税所得额；若债权人未作为资产损失未税前扣除，则债务人逾期三年的应付未付款项应计入当期应纳税所得额；已并入当期应纳税所得额的应付未付款项在以后年度实际支付的，允许在支付年度税前扣除。

结　论

对于债务人应付未付的款项，若债权人已经死亡、破产、注销等，则债务人的应付未付款项应计入当期应纳税所得额；若债权人仍然正常经营，且已作为资产损失并税前扣除，则债务人的应付未付款项应计入当期应纳税所得额。具体请咨询主管税务机关。

ANALYSIS OF 100 CORPORATE INCOME TAX

Controversial Issues

02

税前扣除

争议 12
如何理解支出与收入直接相关

银行等企业要求员工工作时统一着装所发生的工作服饰费用能否税前扣除？

▶▶ 正方：员工统一着装的工作服饰费用可以税前扣除

企业要求员工统一着装所发生的工作服饰费用属于与企业取得收入直接相关的支出，可以税前扣除。

▶▶ 反方：员工统一着装的工作服饰费用不能税前扣除

企业要求员工统一着装所发生的工作服饰费用不属于与企业取得收入直接相关的支出，不能税前扣除。

解　析

这个问题本身没有争议。《国家税务总局关于企业所得税若干问题的公告》（国家税务总局公告 2011 年第 34 号）第二条规定："企业根据其工作性质和特点，由企业统一制作并要求员工工作时统一着装所发生的工作服饰费用，根据《实施条例》第二十七条的规定，可以作为企业合理的支出给予税前扣除。”但可以由此引出如何理解支出与收入直接相关的争议。

《中华人民共和国企业所得税法》(以下简称《企业所得税法》)第八条规定：“企业实际发生的与取得收入有关的、合理的支出，包括成本、费用、税金、损失和其他支出，准予在计算应纳税所得额时扣除。”《企业所得税法实施条例》第二十七条第一款规定：“企业所得税法第八条所称有关的支出，是指与取得收入直接相关的支出。”

《企业所得税法》第八条所称“与取得收入有关”本身是一个弹性相对比较大的不确定概念，若将任何与企业所取得的收入有些联系的支出，都界定为“与取得收入有关”的支出，那么势必无限制地扩大企业可以税前扣除的支出范围，架空支出扣除中的相关性原则，因为企业任何形式的支出，从某种意义上来说，都可以与企业的收入扯上关系。《中华人民共和国企业所得税法实施条例释义及适用指南》[1]指出：“与取得收入直接相关的支出”，是指企业所实际发生的能直接带来经济利益的流入或者可预期经济利益的流入的支出。其特点包括：一是这类允许税前扣除的支出，应该是能给企业带来现实、实际的经济利益；二是这类允许税前扣除的支出，应该是能给企业带来可预期经济利益的流入。

《国家税务总局关于印发〈新企业所得税法精神宣传提纲〉的通知》(国税函〔2008〕159号)第十二条规定：“对相关性的具体判断一般是

[1] 《中华人民共和国企业所得税法实施条例》立法起草小组．中华人民共和国企业所得税法实施条例释义及适用指南[M]．北京：中国财政经济出版社，2007．

从支出发生的根源和性质方面进行分析，而不是看费用支出的结果。如企业经理人员因个人原因发生的法律诉讼，虽然经理人员摆脱法律纠纷有利于其全身心投入企业的经营管理，结果可能确实对企业经营会有好处，但这些诉讼费用从性质和根源上分析属于经理人员的个人支出，因而不允许作为企业的支出在税前扣除。”从形式上看，企业支付经理人员因个人原因发生的法律诉讼费用与企业生产经营有关，但实质上这仍是经理人员的个人支出，因此不能在税前扣除。

在实践中，“直接相关”界定模糊，具有不确定性，缺乏可操作性，因此，如何判断企业发生的支出是否与取得收入直接相关，是税收征管的难点。正因为没有统一的标准，导致各地税务机关对尺度把握不一。

如上例，银行等企业要求员工工作时统一着装所发生的工作服饰费用能否税前扣除曾引发争议，有观点认为，工作服饰费用不是与企业取得收入直接相关的支出，如果银行员工不统一着装，储户就不来存款么，企业就不来贷款了么？直到国家税务总局公告2011年第34号发布争议才平息。

随着企业的经济活动日趋多样，企业发生的类似支出将会越来越多，在判断能否在税前扣除时应首先看是否与取得收入直接相关，从费用发生的根源和性质方面分析，做出正确的处理。

需要注意的是，很多人误以为是“与生产经营有关”，其实，与取得收入有关比与生产经营有关更严格，与生产经营有关不一定与取得收入有关。

结　论

企业的支出是否与取得收入直接相关最容易引发争议，企业应及时向主管税务机关咨询。

争议 13
企业发生的支出是否款项实际支付才能税前扣除

企业由于资金困难，无法支付今年的租金，经与出租方协商，约定明年一并支付，那么这笔没有支付的租金能否在所得税前扣除？

▶▶ 正方：按照权责发生制原则，没有实际支付的支出也可以税前扣除

根据《企业所得税法》第八条、《企业所得税法实施条例》第九条、《国家税务总局关于企业所得税若干问题的公告》（国家税务总局公告2011年第34号）第六条以及《国家税务总局关于企业所得税应纳税所得额若干税务处理问题的公告》（国家税务总局公告2012年第15号）第六条，如果企业在汇算清缴前取得有效凭证则可以直接在税前扣除，如果汇算清缴结束后才取得有效凭证，则需要按照国家税务总局公告2012年第15号的要求，由企业做出专项申报及说明后，准予追补至该项目发生年度计算扣除。[1]

---

[1] 2016年企业所得税热点问题解答[N].中国税务报，2017-03-24（B2）.

▶▶ 反方：没有实际支付的支出不能税前扣除

《企业所得税法》第八条规定："企业实际发生的与取得收入有关的、合理的支出，包括成本、费用、税金、损失和其他支出，准予在计算应纳税所得额时扣除。"《现代汉语词典》对"支出"的解释为："①付出去；支付。②支付的款项。"支出有款项支付出去的意思，即钱得支付出去。因此，没有实际支付款项的支出不能税前扣除。

解　析

目前的主流观点是，企业发生的支出没有实际支付，取得有效凭证也可以税前扣除。依据是《企业所得税法实施条例》第九条规定："企业应纳税所得额的计算，以权责发生制为原则，属于当期的收入和费用，不论款项是否收付，均作为当期的收入和费用；不属于当期的收入和费用，即使款项已经在当期收付，均不作为当期的收入和费用。本条例和国务院财政、税务主管部门另有规定的除外"及实务中的实际情况，实际发生是指支付义务已经发生，但并非费用款项已经实际支付。因为在企业交易中，赊购赊销是非常普遍的事情，工业企业赊购原材料、商业企业赊购货物，经常在商品、货物销售时原材料款、货款还未支付，若不允许税前扣除，将会只对其收入征税，给企业造成沉重负担。

没有实际支付不能税前扣除的观点认为，真实性是税前扣除的首要条件。真实性是指除税法规定的加计费用等扣除外，任何支出除非确属已经真实发生，否则不得在税前扣除。没有付钱怎么能证明支出是真实的？资金流是证明业务真实性的重要证据，若没有资金流，企业间可以随意约定金额，反正也不用实际支付。

非实际支付也可以税前扣除最大的弊端在于给了企业避税的空间。如本例，只要出租方给承租方开具了发票，承租方就可以税前扣除。尽管承租方没有实际支付，但出租方因开具发票而要缴税，这样两边就扯平了。但实际情况不会这么理想，在关联企业之间筹划非常容易，如承租方盈利，出租方巨额亏损，出租方即使开具发票也不足以弥补亏损，而承租方则可以减少盈利，减少纳税。关联企业之间还有可能故意从事非增值税征税范围的业务，这样连发票都不用开，两边获利。如股权转让，企业将其持有的股权转让给关联企业，受让方未实际支付对价。之后受让方再将股权出售，虽未实际支付价款，但由于符合权责发生制原则，且股权转让非增值税征税范围，不必取得发票，其股权成本可以税前扣除。这样，在受让方根本不会向转让方支付价款的情况下，干赚一笔。因此，不以实际支付为税前扣除前提条件，存在政策漏洞。

普遍情况下，税前扣除不以实际支付为前提条件。但在税前扣除项目中，有不少已明确要求实际支付才能税前扣除，比如税金。还有：

工资薪金支出。《企业所得税法实施条例》第三十四条规定："企业发生的合理的工资薪金支出，准予扣除。 前款所称工资薪金，是指企业每一纳税年度支付给在本企业任职或者受雇的员工的所有现金形式或者非现金形式的劳动报酬，包括基本工资、奖金、津贴、补贴、年终加薪、加班工资，以及与员工任职或者受雇有关的其他支出。"《国家税务总局关于企业工资薪金和职工福利费等支出税前扣除问题的公告》（国家税务总局公告 2015 年第 34 号）第二条规定："企业在年度汇算清缴结束前向员工实际支付的已预提汇缴年度工资薪金，准予在汇缴年度按规定扣除。"工资薪金必须是在汇算清缴前实际支付才能税前扣除。

利息支出。《国家税务总局关于企业所得税若干问题的公告》（国家税务总局公告 2011 年第 34 号）第一条规定："根据《实施条例》第三十八条规定，非金融企业向非金融企业借款的利息支出，不超过按照金融企业同期同类贷款利率计算的数额的部分，准予税前扣除。鉴于目前我国对金融企业利率要求的具体情况，企业在按照合同要求首次支付利息并进行税前扣除时，应提供'金融企业的同期同类贷款利率情况说明'，以证明其利息支出的合理性。"

《财政部 国家税务总局关于企业关联方利息支出税前扣除标准有关税收政策问题的通知》（财税〔2008〕121 号）第一条规定："在计算应纳税所得额时，企业实际支付给关联方的利息支出，不超过以下规定比例和税法及其实施条例有关规定计算的部分，准予扣除，超过的部分不得在发生当期和以后年度扣除。"

再来看一则国家税务总局的答复。国家税务总局纳税服务司 2010 年 6 月 21 日答复："根据《企业所得税法》及《企业所得税法实施条例》规定，企业实际发生的与取得收入有关的、合理的支出，包括成本、费用、税金、损失和其他支出，准予在计算应纳税所得额时扣除。企业在生产经营活动中发生的合理的不需要资本化的借款费用，符合下列条件的准予扣除：1. 企业向金融企业借款的利息支出。2. 企业向非金融企业借款的利息支出，不超过按照金融企业同期同类贷款利率计算的数额的部分。《企业所得税法》及《企业所得税法实施条例》规定发生的借款利息准予扣除，这里的利息支出要求实际发生，也即实际支付。"[1] 说明总局认可实际支付的利息才能税前扣除。

---

[1] http://www.chinatax.gov.cn/2013/n1586/n1899/n1901/c145262/content.html.

这是否意味着，只要税收政策规定了“支付”两个字就必须实际支付才能税前扣除？我们来看看哪些支出规定了“支付”。

保险费支出。《企业所得税法实施条例》第三十六条规定：“除企业依照国家有关规定为特殊工种职工支付的人身安全保险费和国务院财政、税务主管部门规定可以扣除的其他商业保险费外，企业为投资者或者职工支付的商业保险费，不得扣除。”

租赁费支出。《企业所得税法实施条例》第四十七条规定：“企业根据生产经营活动的需要租入固定资产支付的租赁费，按照以下方法扣除：……”

手续费及佣金支出。《财政部 国家税务总局关于企业手续费及佣金支出税前扣除政策的通知》（财税〔2009〕29号）第二条规定：“企业应与具有合法经营资格中介服务企业或个人签订代办协议或合同，并按国家有关规定支付手续费及佣金。除委托个人代理外，企业以现金等非转账方式支付的手续费及佣金不得在税前扣除。企业为发行权益性证券支付给有关证券承销机构的手续费及佣金不得在税前扣除。”

但显然，国家税务总局12366对租赁费税前扣除的答复并非实际支付。

结　论

企业实际发生的与取得收入有关、合理的支出，以权责发生制为原则，一般不以实际支付为前提，取得有效凭证即可税前扣除，但在某些特殊事项（如税金、工资、利息等），应当实际支付才可税前扣除。

争议 14
跨年取得凭证的支出在哪年税前扣除

甲公司 2016 年 12 月发生两笔支出，分别为 10 万元和 15 万元，已实际支付，前者于 2017 年 4 月取得发票，后者于 2017 年 6 月取得发票，如何税前扣除？

关于在汇算清缴前取得凭证，《国家税务总局关于企业所得税若干问题的公告》（国家税务总局公告 2011 年第 34 号）第六条规定："企业当年度实际发生的相关成本、费用，由于各种原因未能及时取得该成本、费用的有效凭证，企业在预缴季度所得税时，可暂按账面发生金额进行核算；但在汇算清缴时，应补充提供该成本、费用的有效凭证。"

企业在汇算清缴结束前取得凭证的，扣除在汇算清缴年度。因此，甲公司支出的 10 万元在 2016 年度汇算清缴时税前扣除。

汇算清缴前取得凭证的税前扣除年度没有争议，争议在于：汇算清缴后取得凭证税前扣除在哪年？

▶▶ 正方：汇算清缴后取得凭证，税前扣除在汇算清缴年度

《国家税务总局关于企业所得税应纳税所得额若干税务处理问题的

公告》(国家税务总局公告2012年第15号)第六条规定:"根据《中华人民共和国税收征收管理法》的有关规定,对企业发现以前年度实际发生的、按照税收规定应在企业所得税前扣除而未扣除或者少扣除的支出,企业做出专项申报及说明后,准予追补至该项目发生年度计算扣除,但追补确认期限不得超过5年。"

企业汇算清缴后取得凭证税前扣除在汇算清缴年度,在做出专项申报及说明后,在支出发生年度税前扣除。因此,甲公司2016年汇算清缴时调增应纳税所得额15万元,待取得发票后,做出专项申报及说明后,再调减2016年度应纳税所得额15万元。

▶▶ 反方:汇算清缴后取得凭证、实际支付,税前扣除在取得凭证、实际支付的当年

理由一:按照国家税务总局公告2011年第34号第六条的规定,在汇算清缴结束前未取得有效凭证的不能税前扣除,但汇算清缴后取得有效凭证的能否在支出发生年度税前扣除不明确。似乎可以从中推导出反向结论,即汇算清缴后取得的有效凭证不能在汇算清缴年度税前扣除。

理由二:国家税务总局公告2012年第15号第六条中的"税收规定"是指企业以前年度实际发生支出时点的税收规定,还是现在时点的税收规定?若按照企业以前年度实际发生支出时点的税收规定理解,未取得凭证不能税前扣除,因此不能追溯扣除;若按照企业现在时点的税收规定理解,由于已经取得凭证,能够税前扣除,因此可以追溯扣除。

解 析

关于汇算清缴后取得凭证的税前扣除年度,目前有两种观点,一种是按照权责发生制，应扣除在支出发生年度；另一种是按照收付实现制，应扣除在取得凭证或实际支付年度。前者的优点是于法有据，缺点是需要企业调整申报，甚至退税，比较麻烦；后者的优点是简单便捷，税企双方都方便，缺点是违背了权责发生制原则。

笔者认为，汇算清缴后取得凭证或实际支付的，应追溯扣除在支出发生年度。这样处理既符合《企业所得税法实施条例》第九条规定的权责发生制原则，也符合国家税务总局公告2012年第15号第六条的规定。若按照收付实现制，扣除在取得凭证或实际支付年度，虽然简单，但可能对企业造成不利影响。

一是若该支出金额较大且企业在汇算年度缴税，不追溯企业有可能因税款被占用而吃亏；二是若支出发生年度与取得凭证或实际支付年度税收待遇不一致，也会造成影响。例如，假设甲公司2016年度汇算清缴应纳税所得额为45万元，追溯扣除15万元，应纳税所得额减少为30万元，符合小型微利企业条件（资产总额和从业人数都符合），税率从25%降到10%。若不追溯企业将不能享受税收优惠。

有的观点认为，国家税务总局公告2012年第15号第六条规定的是“按照税收规定应在企业所得税前扣除而未扣除或者少扣除的支出”，而企业当年没有取得凭证，是按照税收规定不应在企业所得税前扣除的支出，因此不适用国家税务总局公告2012年第15号第六条。

这便是机械地理解税收政策了。如北京市国家税务局《2012年度企业所得税汇算清缴政策问题解答》对此条款解释道：“企业发现以前年度实际发生的、按照税收规定应在企业所得税前扣除而未扣除或者少扣除的支出（以下简称以前年度应扣未扣支出）是指企业在以前年度已进行会计处理，但因财务会计处理规定与税法规定不一致或企业对政策理解有误造成企业以前年度未扣除的支出。如企业以前年度发生支出已进行会计处理计入管理费用，但未取得真实合法的有效凭证，以后年度取得时造成在以前年度应扣未扣。”

结 论

企业发生的支出当年未实际支付的，不能税前扣除；汇算清缴前实际支付的，在支出发生年度（即汇算清缴年度）税前扣除；汇算清缴后实际支付的，做出专项申报及说明后，在支出发生年度追溯扣除。

争议 15
跨年实际发生的支出在哪年税前扣除

甲公司生产并销售某产品，根据公司的产品质量保证条款，该产品售出后一年内，如在正常使用下发生质量问题，公司将负责免费维修。年末经过测算，预计将发生 30 万元的维修费用。会计处理如下：

借：销售费用　　300 000

　贷：预计负债　　300 000

2017 年 4 月，甲公司实际发生维修支出 10 万元。会计处理如下：

借：预计负债　　100 000

　贷：银行存款　　100 000

2017 年 6 月，甲公司实际发生维修支出 15 万元。会计处理如下：

借：预计负债　　150 000

　贷：银行存款　　150 000

企业的预计负债，没有实际发生不能税前扣除，2016 年度汇算清缴时，甲公司调增应纳税所得额 30 万元，没有争议。争议在于：次年实际发生后税前扣除在哪年？

▶▶ 正方：企业预计负债在汇算清缴年度扣除

按照《企业所得税法实施条例》第九条和国家税务总局公告2012年第15号第六条的规定，甲公司的10万元维修费在汇算清缴前实际支付，在2016年度税前扣除，2016年汇算清缴时调增应纳税所得额20万元；15万元维修费在汇算清缴后实际支付，做出专项申报及说明后，再调减2016年度应纳税所得额15万元。

▶▶ 反方：企业预计负债在实际发生的当年扣除

预计负债不符合《企业所得税法实施条例》第九条和国家税务总局公告2012年第15号第六条的规定，不能追溯扣除，应在支出实际发生的当年税前扣除。甲公司的25万元维修费在2017年度税前扣除。

解　析

企业在经营活动中有时会面临一些具有较大不确定性的经济事项，这些不确定事项可能会对企业的财务状况和经营成果产生较大的影响，其最终结果须由某些未来事项的发生或不发生来决定。这种不确定事项在会计上被称为或有事项。《企业会计准则第13号——或有事项》第二条规定："或有事项，是指过去的交易或者事项形成的，其结果须由某些未来事项的发生或不发生才能决定的不确定事项。"常见的或有事项包括未决诉讼或未决仲裁、债务担保、产品质量保证、亏损合同、重组义务等。该准则第四条规定："与或有事项相关的义务同时满足下列条件的，应当确认为预计负债：（一）该义务是企业承担的现时义务；（二）履行该义务很可能导致经济利益流出企业；（三）该义务的金额能够可靠地计量。”

企业的预计负债，当年未实际发生的，不能税前扣除，跨年后无论汇算清缴前还是汇算清缴后实际发生的，都在发生当年税前扣除，不在计提预计负债年度追溯扣除。

对于“按照权责发生制原则和国家税务总局公告 2012 年第 15 号第六条的规定，企业的预计负债，汇算清缴前实际发生的，在汇算清缴年度扣除；汇算清缴后实际发生的，做出专项申报及说明后，在计提预计负债的年度追溯扣除”的观点，笔者认为不正确。

首先，根据《企业所得税法》第八条的规定，未实际发生的支出不能税前扣除，什么时候实际发生什么时候税前扣除；其次，根据《企业所得税法实施条例》第九条的规定，企业为将要发生的事情计提的预计负债不属于当期的费用，不违背税法的权责发生制原则；最后，根据国家税务总局公告 2012 年第 15 号第六条的规定，追溯扣除的前提之一是企业以前年度实际发生的支出，预计负债并非企业实际发生的支出，因此不适用国家税务总局公告 2012 年第 15 号第六条追溯扣除之规定。

这与预提费用是不一样的。预提费用是已经发生了还没有支付，如本年底计提的 12 月工资于次年 1 月实际发放，这个工资的属期本来就是本年 12 月的，实际发生也是在本年 12 月，因此其在汇算清缴之前实际支付都可以在汇算清缴年度税前扣除。

企业没有发生的预计负债不能税前扣除，2016 年度汇算清缴时，甲公司调增应纳税所得额 30 万元。甲公司实际发生的维修支出 25 万元，无论汇算清缴前后，都在 2017 年度扣除，2017 年度汇算清缴时，甲公司调减应纳税所得额 25 万元。

结 论

企业当年未实际发生的事项不能税前扣除，跨年后无论汇算清缴前还是汇算清缴后实际发生的，都在发生当年税前扣除。

争议 16
未做会计处理的支出能否税前扣除

甲公司对某些业务既不计收入也不计成本，逃避缴纳税款，被税务机关发现，调增收入，对应的成本是否应当调增？

▶▶ 正方：未做会计处理的支出能够税前扣除

根据《国家税务总局关于企业所得税应纳税所得额若干税务处理问题的公告》（国家税务总局公告 2012 年第 15 号）第六条规定："根据《中华人民共和国税收征收管理法》的有关规定，对企业发现以前年度实际发生的、按照税收规定应在企业所得税前扣除而未扣除或者少扣除的支出，企业做出专项申报及说明后，准予追补至该项目发生年度计算扣除，但追补确认期限不得超过 5 年"，甲公司在做出专项申报及说明后，可以税前扣除成本。

▶▶ 反方：未做会计处理的支出不能税前扣除

根据国家税务总局公告 2012 年第 15 号第八条规定："根据《企业所得税法》第二十一条规定，对企业依据财务会计制度规定，并实际在财务会计处理上已确认的支出，凡没有超过《企业所得税法》和有关税收法规规定的税前扣除范围和标准的，可按企业实际会计处理确认的支出，在企业所得税前扣除，计算其应纳税所得额。”甲公司未在会计上确认该支出，其实际在财务会计处理上已确认的支出没有超过税法规定的税前扣除范围，可按企业实际会计处理确认的支出税前扣除。因此，甲公司没有在会计上记录的成本不能税前扣除。

解　析

《企业所得税法》第八条规定：“企业实际发生的与取得收入有关的、合理的支出，包括成本、费用、税金、损失和其他支出，准予在计算应纳税所得额时扣除。”因此，企业实际发生的与取得收入有关的、合理的支出，虽未实际在财务会计处理上确认，也应允许税前扣除。

国家税务总局公告 2012 年第 15 号第八条规定与第六条看似冲突，其实不然，第八条主要应用于解决诸如会计折旧年限长于税法规定最低折旧年限等税会差异，而不是会计差错。而且，企业可以按照《企业会计准则》修改会计差错，那么，就符合“实际在财务会计处理上已确认的支出”，也可以税前扣除。若企业是两套账，其真实账簿也符合“实际在财务会计处理上已确认的支出”，也可以税前扣除。

因此，不能机械地理解国家税务总局公告 2012 年第 15 号第八条。

结　论

企业实际发生但未做会计处理的支出，在做出专项申报及说明后，准予追补至该项目发生年度计算扣除。

争议 17
视同销售中调增视同销售成本是否重复扣除

企业以自产产品视同销售，成本 80 万元，市场价值 100 万元，在会计上未确认收入，被税务机关检查发现，确认视同销售收入 100 万元，是否还要确认视同销售成本 80 万元？

▶▶ 正方：应在确认视同销售收入的同时确认视同销售成本

按照配比原则，在确认视同销售收入的同时确认视同销售成本。

▶▶ 反方：只确认视同销售收入，不确认视同销售成本

企业已经在会计上确认销售费用 97 万元（包括该产品成本 80 万元），再确认视同销售成本 80 万元则会造成重复扣除。

解　析

在视同销售中，在确认视同销售收入的同时应当确认视同销售成本。很多人绕不过这个弯，觉得企业已经在会计上扣除一次成本了，在税收上又扣除一次成本，这不是重复扣除么？

笔者认为，最好的解释依据是配比原则。但遗憾的是，《企业所得税法》及其实施条例都没有规定配比原则，那么，企业所得税上是否就不存在配比原则？

我们可以从其他文件中找到。《国家税务总局关于贯彻落实企业所得税法若干税收问题的通知》（国税函〔2010〕79号）第一条规定："根据《实施条例》第十九条的规定，企业提供固定资产、包装物或者其他有形资产的使用权取得的租金收入，应按交易合同或协议规定的承租人应付租金的日期确认收入的实现。其中，如果交易合同或协议中规定租赁期限跨年度，且租金提前一次性支付的，根据《实施条例》第九条规定的收入与费用配比原则，出租人可对上述已确认的收入，在租赁期内，分期均匀计入相关年度收入。"可见政策制定者认为，《企业所得税法实施条例》第九条规定的权责发生制原则也包括收入与费用配比原则。

首先，会计上没有经济利益流入，不确认会计收入；税收上不管有无经济利益流入都要确认税收收入，那么，在确认税收收入的同时也要配比地确认税收成本，没有重复扣除。但也有人认为，企业在会计上已经确认成本，已经与视同销售收入配比了，但是视同销售收入是税收上的收入，会计成本是会计上的成本，拿税收收入与会计成本配比，明显是不合理的，这也是企业所得税视同销售与增值税视同销售的不同之处。

其次，从财务会计与税务会计处理上看。本例中，财务会计处理如下：

借：销售费用　　970 000

　贷：库存商品　　800 000

　　应交税费——应交增值税（销项税额）　　170 000

视同销售后，税务会计处理如下：

借：销售费用　　　　　　　　　　　　　　1 170 000

　贷：主营业务收入　　　　　　　　　　　　　1 000 000

　　　应交税费——应交增值税（销项税额）　　170 000

借：主营业务成本　　　　　　　　　　　　800 000

　贷：库存商品　　　　　　　　　　　　　　　800 000

从税务会计中能清楚地看出，确认视同销售收入的同时要确认视同销售成本。

最后，从年度纳税申报表来看，若不确认视同销售成本，那A105010《视同销售和房地产开发企业特定业务纳税调整明细表》第11行“视同销售（营业）成本”岂不是没有用处?

之所以会产生重复扣除的感觉，除了该支出在会计上已经计入成本费用以外，另一个原因就是被增值税视同销售误导。若企业在增值税上应视同销售未视同销售，直接将视同销售额乘以适用税率补缴增值税，不考虑进项税额，导致以为企业所得税也是直接将视同销售收入乘以适用税率补缴企业所得税，不考虑视同销售成本，

综上，在给企业调增视同销售收入的同时，别忘记调增视同销售成本。

结　论

在确认视同销售收入的同时应确认视同销售成本。

争议 18
分期收款方式销售货物的成本是否也分期确认

2017 年 1 月 1 日，甲公司采用分期收款方式向乙公司销售一套大型设备，合同约定的销售价格为 2 000 万元，分 5 次于每年 12 月 31 日等额收取。该大型设备成本为 1 560 万元。在现销方式下，该大型设备的销售价格为 1 600 万元。会计处理如下（单位：万元）：

2017 年 1 月 1 日销售实现时：

借：长期应收款　　2 000

　贷：主营业务收入　　1 600

　　　未实现融资收益　　400

借：主营业务成本　　1 560

　贷：库存商品　　1 560

2017 年 12 月 31 日收取货款时：

借：银行存款　　468

　贷：长期应收款　　400

　　　应交税费——应交增值税（销项税额）　　68

借：未实现融资收益　126.88（根据实际利率计算得出）

贷：财务费用　　　　　　　　　　　　　　　126.88

《企业所得税法实施条例》第二十三条规定，“以分期收款方式销售货物的，按照合同约定的收款日期确认收入的实现”，汇算清缴时，甲公司确认分期收款收入400万元（2 000÷5），调减收入1 200万元（1 600–400），调增财务费用126.88万元。

甲公司分期收款方式销售货物的成本是否也要分期确认？

▶▶ 正方：分期收款方式销售货物的成本也要分期确认

首先，《企业所得税法实施条例》第九条规定：“企业应纳税所得额的计算，以权责发生制为原则，属于当期的收入和费用，不论款项是否收付，均作为当期的收入和费用；不属于当期的收入和费用，即使款项已经在当期收付，均不作为当期的收入和费用。本条例和国务院财政、税务主管部门另有规定的除外。”会计上分期收款销售货物的成本确认不符合权责发生制原则，所以应予以调整。其次，若只调整收入，不调整成本，不符合配比原则，因此必须同时调整。

甲公司确认分期收款成本312万元（1 560÷5），当年调减收入1 200万元，调减成本1 248万元（1 560–312），调增财务费用126.88万元，合计调减78.88万元。

▶▶ 反方：分期收款方式销售货物的成本不分期确认

第一，税法只对分期收款方式销售货物收入的确认有明确规定，对成本确认没有规定，于法无据，因此不能调整。

第二，根据《企业会计准则——基本准则》第九条的规定，“企业应当以权责发生制为基础进行会计确认、计量和报告”，权责发生制是企业唯一的会计计量方式，分期收款方式销售货物的会计处理恰恰是基于权责发生制原则，而税法上对其收入的确认才是“国务院财政、税务主管部门另有规定”的处理方法。

另外，《中华人民共和国企业所得税年度纳税申报表（A类）》中的A105020《未按权责发生制确认收入纳税调整明细表》填报说明规定：“本表适用于会计处理按权责发生制确认收入、税收规定未按权责发生制确认收入需纳税调整的纳税人填报。”该表包括“分期收款方式销售货物收入”（第6行），恰恰说明分期收款方式销售货物属于会计处理按权责发生制确认、税法规定未按权责发生制确认的项目。因此，分期收款方式销售货物的成本在会计上已经按照权责发生制确认，在国务院财政、税务主管部门未另有规定的情况下，不能调整。

第三，税法上并没有配比原则，且配比原则也是依据权责发生制，如上所述，会计处理的依据正是权责发生制，是否符合配比原则税企各执一词，容易引发更大的争议，税务机关也没有依据认定企业的成本提前扣除。

第四，《国家税务总局关于发布〈中华人民共和国企业所得税年度纳税申报表（A类，2017年版）〉的公告》（国家税务总局公告2017年第54号）填报说明规定：“企业在计算应纳税所得额及应纳所得税时，企业会计处理与税收规定不一致的，应当按照税收规定计算。税收规定不明确的，在没有明确规定之前，暂按国家统一会计制度计算。”分期收款方式销售货物成本属于“税收规定不明确的”，那么就应“暂按国家统一会计制度计算”。

第五，从企业所得税年度纳税申报表看，分期收款方式销售货物收入的调整填报A105020《未按权责发生制确认收入纳税调整明细表》

第6行“分期收款方式销售货物收入”，未实现融资收益的调整填报A105000《纳税调整项目明细表》第22行“与未实现融资收益相关在当期确认的财务费用”，恰恰没有分期收款方式销售货物成本的调整，是否也说明了分期收款方式销售货物收入不用调整呢？

最后，对行政相对人来说，法无禁止即可为，既然税法没有禁止纳税人不调整分期收款方式销售货物成本，那么纳税人就可以不调整分期收款方式销售货物成本。

因此，甲公司当年调减收入1 200万元，调增财务费用126.88万元，合计调减1 326.88万元。

解　析

在会计上，《企业会计准则第14号——收入》第五条规定：“……合同或协议价款的收取采用递延方式，实质上具有融资性质的，应当按照应收的合同或协议价款的公允价值确定销售商品收入金额。应收的合同或协议价款与其公允价值之间的差额，应当在合同或协议期间内采用实际利率法进行摊销，计入当期损益。”

在税收上，《企业所得税法实施条例》第二十三条规定：“以分期收款方式销售货物的，按照合同约定的收款日期确认收入的实现。”

此处税法与会计产生差异，会计按照公允价值一次性确认收入，税法按照合同约定的收款日期分次确认收入，但未规定如何确认成本，似乎没有规定。

笔者认为，分期收款方式销售货物成本也应按照合同约定的收款日期相应调整并非没有依据。《企业所得税法》第八条规定：“企业实际发生的与取得收入有关的、合理的支出，包括成本、费用、税金、损失和其他支出，准予在计算应纳税所得额时扣除。”首先，与企业分期收款方式销售货物全部收入有关的是分期收款方式销售货物全部成本，与企业分期收款方式销售货物分期收入有关的是分期收款方式销售货物分期成本，因此，全部成本不是与分期收入有关的支出，即甲公司后四年4/5的成本不是与第一年1/5的收入有关的支出。其次，分期确认收入，一次性确认成本，明显是不合理的。

结 论

企业以分期收款方式销售货物，应按照合同约定的收款日期分期确认收入，同时分期确认成本。

争议 19
次年汇算清缴后发放的工资在哪年扣除

为防止员工拿到年终奖就跳槽，很多公司都会推迟发放年终奖。调查显示，有 23% 的公司会将年终奖推到年后发放，最迟的会推到来年 6 月份才发。[1]

那么，企业 2017 年 6 月份发放的 2016 年年终奖，在 2016 年还是 2017 年扣除？

▶▶ 正方：次年汇算清缴后发放的工资在汇算清缴年度扣除

按照《企业所得税法实施条例》第九条和国家税务总局公告 2012 年第 15 号第六条规定，企业 2016 年汇算清缴时调增未发放的年终奖，待实际支付后，做出专项申报及说明，再调减 2016 年度应纳税所得额。

▶▶ 反方：次年汇算清缴后发放的工资在实际发放的当年扣除

企业在汇算清缴后发放上年度的工资，在实际发放的当年税前

---

[1] 刘镐 . 防跳槽　企业缓发年终奖 [N]. 法制晚报，2013-12-16（A26）.

扣除。

解 析

大多数企业实行下发工资制，即下月发放上月的工资，跨年支付的工资扣除在计提年度还是实际发放年度，曾存在争议，随着《国家税务总局关于企业工资薪金和职工福利费等支出税前扣除问题的公告》(国家税务总局公告2015年第34号)(其第二条规定："企业在年度汇算清缴结束前向员工实际支付的已预提汇缴年度工资薪金，准予在汇缴年度按规定扣除。")的发布争议消除。但对于汇算清缴后发放上年度的工资应在计提年度还是实际发放年度扣除，仍存在争议。

如上所述，预提费用根据《企业所得税法实施条例》第九条规定的权责发生制原则，应当追溯扣除，但是工资薪金支出比较特殊。

《企业所得税法实施条例》第三十四条规定："企业发生的合理的工资薪金支出，准予扣除。前款所称工资薪金，是指企业每一纳税年度支付给在本企业任职或者受雇的员工的所有现金形式或者非现金形式的劳动报酬，包括基本工资、奖金、津贴、补贴、年终加薪、加班工资，以及与员工任职或者受雇有关的其他支出。"要求是"每一纳税年度"，2017年6月发放的工资已经超过2016纳税年度，因此不能在2016年度扣除，而是在实际发放的2017年度扣除。这是工资薪金支出的特殊规定。

结 论

汇算清缴后发放的上年工资，应在实际发放年度扣除。

争议 20
挂职人员工资能否税前扣除

甲国有企业的两名中层干部在当地国资委安排下到乙国有企业挂职锻炼一年，其间该两名中层干部的工资仍由甲企业发放，甲企业能否税前扣除？

▶▶ 正方：挂职人员工资可以税前扣除

《企业所得税法实施条例》第三十四条规定："企业发生的合理的工资薪金支出，准予扣除。前款所称工资薪金，是指企业每一纳税年度支付给在本企业任职或者受雇的员工的所有现金形式或者非现金形式的劳动报酬，包括基本工资、奖金、津贴、补贴、年终加薪、加班工资，以及与员工任职或者受雇有关的其他支出。"两名中层干部虽在外挂职，但仍然是甲企业"任职或者受雇的员工"，因此可以税前扣除。

▶▶ 反方：挂职人员工资不能税前扣除

根据《企业所得税法》第八条规定，两名中层干部挂职期间不在甲企业工作，甲企业为其发放的工资自然不属于与甲企业取得收入有关的支出，不能税前扣除。

解　析

不能机械地认定发生的支出是否与取得收入有关，应透过现象看本质。

一方面，挂职人员在挂职期间确实不在原单位工作，不能为原单位带来收入，看似与原单位取得收入无关，但原单位之所以派其去挂职，是为了提高其管理水平，开阔视野，回来后更好地为原单位工作。这种挂职我们可以看作是一种学习，若企业员工被外派学习一年，其工资薪金支出也不能税前扣除吗？另一方面，挂职人员是公派挂职，并不是私自离开企业，其工资薪金并不是企业为其个人发生的支出，而是为了企业自身利益而付出的一种代价，与在职员工的工资薪金在本质上是一样的。

因此，判断企业的一项支出是否与取得收入有关，不能只看表面，否则企业员工病假期间、女职工休产假期间的工资薪金都成了与企业取得收入无关的支出，这是违背税法本意的。

结　论

挂职人员工资由原单位发放，原单位可以税前扣除。

争议 21
职工辞退补偿是否属于工资薪金支出

企业辞退员工，按照劳动合同法的有关规定，需要给予辞退补偿，该辞退补偿是否按照工资薪金支出税前扣除？

▶▶ 观点一：职工辞退补偿属于工资薪金支出

企业实际支付的辞退补偿按照工资薪金支出税前扣除。[1]

▶▶ 观点二：职工辞退补偿不属于工资薪金支出

《宁夏回族自治区国家税务局 宁夏回族自治区地方税务局关于明确企业所得税管理若干问题的公告》（宁夏回族自治区国家税务局 宁夏回族自治区地方税务局公告 2013 年第 10 号）第十二条规定："根据《企业所得税法》第八条、《企业所得税法实施条例》第二十七条的规定，企业与职工解除劳动合同关系依据《中华人民共和国劳动合同法》

---

❶ 高太君. 员工辞退福利处理税收与会计规定有异 [N]. 中国税务报，2009-12-28（12）.

（2013年修订）第四十七条、第四十八条和第八十七条给予的一次性经济补偿金，属于企业生产经营活动管理需要发生的合理支出，可以按规定申报税前扣除。因实际支付的经济补偿金不属于税法规定的工资薪金范围，不应作为计算职工福利费、工会经费、职工教育经费税前扣除限额的基数。"

▶▶ 观点三：职工辞退补偿不能税前扣除

职工已经不在企业工作，其辞退补偿属于与企业取得收入无关的支出，不能税前扣除。

解　析

辞退补偿，又称辞退福利，是指企业在职工劳动合同到期之前解除与职工的劳动关系，或者为鼓励职工自愿接受裁减而给予职工的补偿，属于《企业会计准则第9号——职工薪酬》的内容之一，是会计上的职工薪酬，但不属于税法上的工资薪金支出。

《企业所得税法实施条例》第三十四条规定："工资薪金，是指企业每一纳税年度支付给在本企业任职或者受雇的员工的所有现金形式或者非现金形式的劳动报酬，包括基本工资、奖金、津贴、补贴、年终加薪、加班工资，以及与员工任职或者受雇有关的其他支出。"被辞退员工显然已经不是"任职或者受雇"，其补偿不能作为工资薪金支出，可以作为与生产经营有关的必要、合理的支出，在税前扣除。

辞退补偿与退休人员工资不同。退休人员已经不在企业工作，其工资自然属于与企业取得收入无关的支出，不能税前扣除；辞退补偿是对辞退人员在企业工作期间付出劳动的补偿，是与企业取得收入有关的支出，可以税前扣除。

结　论

职工辞退补偿可以据实税前扣除，但不能作为工资薪金支出税前扣除，不能作为计算职工福利费、职工教育经费和工会经费的扣除基数。

争议 22
福利性质的支出是否都属于税法上的职工福利费

当前，互联网公司为了吸引人才、留住人才，福利越来越多，也越来越丰厚，甚至越来越奇葩。常见的有为职工发放子女教育补贴，并计入了职工福利费，该支出是否可以税前扣除？

还有的企业为购房员工支付一定金额的贷款利息，并认为此项支出属于《国家税务总局关于企业工资薪金及职工福利费扣除问题的通知》(国税函〔2009〕3号)第三条第二款规定的“为职工卫生保健、生活、住房、交通等所发放的各项补贴和非货币性福利”中的“住房”，属于职工福利费，该支出是否可以税前扣除？

▶▶ 正方：福利性质的支出即使不在国税函〔2009〕3号文件列举范围内，也属于税法上的职工福利费

国税函〔2009〕3号文件采取了正列举的方式，最后为“等”，并未穷尽，企业福利性质的支出，也可以作为职工福利费，在限额内税前扣除。

▶▶ 反方：福利性质的支出若不在国税函〔2009〕3号文件列举范围内，则不属于税法上的职工福利费

国税函〔2009〕3号文件采取了正列举的方式，最后为“等”，基层税务机关无权对国家税务总局文件做扩大性解释，企业福利性质的支出，若不在国税函〔2009〕3号文件列举范围内，不能作为职工福利费。

解 析

会计与税法上关于职工福利费的规定

会计上的规定。《财政部关于企业加强职工福利费财务管理的通知》（财企〔2009〕242号）第一条规定：“企业职工福利费是指企业为职工提供的除职工工资、奖金、津贴、纳入工资总额管理的补贴、职工教育经费、社会保险费和补充养老保险费（年金）、补充医疗保险费及住房公积金以外的福利待遇支出，包括发放给职工或为职工支付的以下各项现金补贴和非货币性集体福利：（一）为职工卫生保健、生活等发放或支付的各项现金补贴和非货币性福利，包括职工因公外地就医费用、暂未实行医疗统筹企业职工医疗费用、职工供养直系亲属医疗补贴、职工疗养费用、自办职工食堂经费补贴或未办职工食堂统一供应午餐支出、符合国家有关财务规定的供暖费补贴、防暑降温费等。（二）企业尚未分离的内设集体福利部门所发生的设备、设施和人员费用，包括职工食堂、职工浴室、理发室、医务所、托儿所、疗养院、集体宿舍等集体福利部门设备、设施的折旧、维修保养费用以及集体福利部门工作人员的工资薪金、社会保险费、住房公积金、劳务费等人工费用。（三）职工困难补助，或者企业统筹建立和管理的专门用于帮助、救济困难职工的

基金支出。（四）离退休人员统筹外费用，包括离休人员的医疗费及离退休人员其他统筹外费用。企业重组涉及的离退休人员统筹外费用，按照《财政部关于企业重组有关职工安置费用财务管理问题的通知》（财企〔2009〕117号）执行。国家另有规定的，从其规定。（五）按规定发生的其他职工福利费，包括丧葬补助费、抚恤费、职工异地安家费、独生子女费、探亲假路费，以及符合企业职工福利费定义但没有包括在本通知各条款项目中的其他支出。”

税法上的规定。《国家税务总局关于企业工资薪金及职工福利费扣除问题的通知》（国税函〔2009〕3号）第三条规定：“《实施条例》第四十条规定的企业职工福利费，包括以下内容：（一）尚未实行分离办社会职能的企业，其内设福利部门所发生的设备、设施和人员费用，包括职工食堂、职工浴室、理发室、医务所、托儿所、疗养院等集体福利部门的设备、设施及维修保养费用和福利部门工作人员的工资薪金、社会保险费、住房公积金、劳务费等。（二）为职工卫生保健、生活、住房、交通等所发放的各项补贴和非货币性福利，包括企业向职工发放的因公外地就医费用、未实行医疗统筹企业职工医疗费用、职工供养直系亲属医疗补贴、供暖费补贴、职工防暑降温费、职工困难补贴、救济费、职工食堂经费补贴、职工交通补贴等。（三）按照其他规定发生的其他职工福利费，包括丧葬补助费、抚恤费、安家费、探亲假路费等。”

会计与税法上关于职工福利费的规定不尽一致，企业符合会计规定的职工福利费不一定是税法规定的职工福利费。

《企业所得税法》第二十一条规定：“在计算应纳税所得额时，企业财务、会计处理办法与税收法律、行政法规的规定不一致的，应当依照税收法律、行政法规的规定计算。”

因此，企业在计算应纳税所得额时，应按照税法规定的职工福利费计算税前扣除金额。

关于“等”的理解

《税收规范性文件制定管理办法》(国家税务总局令第41号)第十二条规定：“税收规范性文件由制定机关负责解释。制定机关不得将税收规范性文件的解释权授予本级机关的内设机构或者下级税务机关。”规范性文件的解释遵循“谁制定，谁解释”原则，由国家税务总局制定的规范性文件，由国家税务总局负责解释，纳税人和基层税务机关都无权解释。

国税函〔2009〕3号文件采用了正列举的方式，无论企业还是基层税务机关，都无权对“等”做出解释。只有列举的内容，才属于职工福利费，没有列举的不属于(除非主管税务机关另有规定)。

与取得收入直接相关

企业的福利性质支出，不在国税函〔2009〕3号文件列举范围内，不属于职工福利费，是否就不受限额控制，能够全额税前扣除了呢?

不是的，在会计上，还要看是否应由职工个人负担。《企业财务通则》第四十六条规定：“企业不得承担属于个人的下列支出：……(四)购买住房、支付物业管理费等支出。”即使在会计上，员工购买住房的支出也不能由企业负担。

在税收上，还要看该支出是否与企业取得收入直接相关。《企业所得税法》第八条规定：“企业实际发生的与取得收入有关的、合理的支出，包括成本、费用、税金、损失和其他支出，准予在计算应纳税所得额时扣除。”企业认为，企业为职工支付子女教育补贴，解决了其后顾之忧，使之能够更好地为企业工作，应属于企业实际发生的与取得收入有关的支出。但《企业所得税法实施条例》第二十七条规定：“企业所得税法第八条所称有关的支出，是指与取得收入直接相关的支出。”《国家税务总局关于印发〈新企业所得税法精神宣传提纲〉的通知》（国税函〔2008〕159号）第十二条规定：“对相关性的具体判断一般是从支出发生的根源和性质方面进行分析，而不是看费用支出的结果。如企业经理人员因个人原因发生的法律诉讼，虽然经理人员摆脱法律纠纷有利于其全身心投入企业的经营管理，结果可能确实对企业经营会有好处，但这些诉讼费用从性质和根源上分析属于经理人员的个人支出，因而不允许作为企业的支出在税前扣除。”可见，职工子女教育补贴与企业经理人员因个人原因发生的法律诉讼费用有异曲同工之处，因此不能在税前扣除。

结　论

企业的福利性质支出，若不在国税函〔2009〕3号文件列举范围内，则不属于职工福利费（除非主管税务机关另有规定）；若非与企业取得收入直接相关，则不能税前扣除。

争议 23
扣缴了个税的福利性补贴是否就属于工资薪金支出

某公司给员工的子女教育补贴是随同工资一起发放的，计入了工资薪金支出，并代扣代缴了个人所得税，是否可以作为工资薪金支出据实税前扣除？

▶▶ 正方：扣缴了个税的福利性补贴就是工资薪金支出

国税函〔2009〕3 号文件第一条规定："《实施条例》第三十四条所称的'合理工资薪金'，是指企业按照股东大会、董事会、薪酬委员会或相关管理机构制订的工资薪金制度规定实际发放给员工的工资薪金。税务机关在对工资薪金进行合理性确认时，可按以下原则掌握：（一）企业制订了较为规范的员工工资薪金制度；（二）企业所制订的工资薪金制度符合行业及地区水平；（三）企业在一定时期所发放的工资薪金是相对固定的，工资薪金的调整是有序进行的；（四）企业对实际发放的工资薪金，已依法履行了代扣代缴个人所得税义务；（五）有关工资薪金的安排，不以减少或逃避税款为目的。"因此，属于合理的工资薪金支出。《国家税务总局关于企业工资薪金和职工福利费等支出税前扣除问题的公告》(国家税务总局公告 2015 年第 34 号)第一条规定:“列入企业员工工资薪金制度、固定与工资薪金一起发放的福利性补贴,符合《国家税务总局关于企业工资薪金及职工福利费扣除问题的通知》(国税函〔2009〕3 号)第一条规定的,可作为企业发生的工资薪金支出,按规定在税前扣除。不能同时符合上述条件的福利性补贴,应作为国税函〔2009〕3 号文件第三条规定的职工福利费,按规定计算限额税前扣除。”根据这一规定,该职工子女教育补贴可以作为工资薪金支出税前扣除。

▶▶ 反方:扣缴了个税的福利性补贴不一定是工资薪金支出

即使企业将福利性补贴与工资薪金一起发放,并扣缴了个税,也不一定就是工资薪金支出。

解　析

关于个税

“企业对实际发放的工资薪金,已依法履行了代扣代缴个人所得税义务”是判断合理工资薪金支出的条件之一,但并不意味着只要企业代扣代缴了个人所得税,就可以在企业所得税前扣除,二者没有必然关系。

关于福利性补贴

国家税务总局公告 2015 年第 34 号第一条所称的“福利性补贴”,是否必须在国税函〔2009〕3 号文件第三条列举的职工福利费范围内,不在就不能税前扣除?笔者认为不是这样的,国家税务总局公告 2015

年第34号第一条所称的“福利性补贴”应大于国税函〔2009〕3号文件第三条列举的职工福利费范围。如通讯补贴不在国税函〔2009〕3号文件第三条列举范围内，不属于职工福利费，但企业将通讯补贴固定与工资薪金一起发放，则可以作为工资薪金支出据实税前扣除。

关键点是，并非企业所有的福利性补贴都与企业取得收入直接相关。

关于与取得收入直接相关

毫无疑问，职工子女教育补贴属于企业的福利性补贴，但如上所述，职工子女教育补贴不是与企业取得收入直接相关的支出。是否与企业取得收入直接相关，是判断支出能否税前扣除的标准，不是与企业取得收入直接相关的支出，即使已经扣缴了个税，也不能税前扣除。

结　论

某项目能否税前扣除首先看是否与企业取得收入直接相关，若不直接相关，虽然扣缴了个人所得税，也不能税前扣除。

争议 24
职工福利是不是普惠的

甲公司为高管租公寓，其支付的租金是否属于职工福利费？

▶▶ 正方：职工福利是普惠的，大多数职工都能享有的福利才属于职工福利

职工福利应为大多数职工所享有，只有少数职工才能享有的福利不属于职工福利，相关支出不能税前扣除。

▶▶ 反方：职工福利并非普惠的，少数职工才能享有的福利也属于职工福利

税法并未规定只有大多数职工都能享有的福利才属于职工福利，少数职工才能享有的福利也属于职工福利。

解　析

税法并未规定大多数职工都能享有的福利才属于职工福利，但在实务中，为了避免职工福利沦为高管福利，一般只将大多数职工都能享有的福利的相关支出作为职工福利费，少数职工才能享有的福利的相关支出不作为职工福利费，不能税前扣除。如企业在为员工租赁集体宿舍的同时也为高管租赁公寓，其租金可作为职工福利费；只为高管租赁公寓，其租金不能税前扣除。

此处的“少数职工”多以职务区分，如少数职务高的职工享有而多数职务低或无职务的职工不享有的福利不作为职工福利。但应当具体问题具体分析，由于工作性质不同导致少数职工享有而多数职工不享有的福利也可能属于职工福利，如企业为生产一线工人提供疗养机会，而其他员工没有等，也应属于职工福利。

结　论

关于只有少数高层员工才能享有的福利的相关支出是否属于职工福利费，税收政策没有明确规定，建议咨询主管税务机关。

争议 25
组织职工旅游支出能否税前扣除

甲公司组织本单位职工外出旅游，其支出是否属于职工福利费？

▶▶ 正方：企业组织职工旅游支出作为职工福利费税前扣除

《青岛市国家税务局 2013 年度企业所得税汇算清缴若干业务问题解答》第八条规定："根据《企业所得税法实施条例》第四十条规定，企业组织本单位员工旅游的费用可以按照职工福利费进行处理。"

▶▶ 反方：企业组织职工旅游支出不能作为职工福利费，不能税前扣除

《河北省国家税务局关于印发〈企业所得税若干政策问题解答〉的通知》（冀国税函〔2013〕161 号）第十二条规定："《国家税务总局关于企业工资薪金及职工福利费扣除问题的通知》（国税函〔2009〕3 号）第三条关于职工福利费扣除问题规定，企业发生的旅游费支出，不能作为职工福利费列支。"

解　析

《企业财务通则》第四十六条规定："企业不得承担属于个人的下列支出：……（一）娱乐、健身、旅游、招待、购物、馈赠等支出。"

关于组织职工旅游支出是否属于职工福利费，各省规定不同。

笔者认为，组织职工旅游支出不属于职工福利费，不能税前扣除。

首先，组织职工旅游支出不在国税函〔2009〕3号文件列举范围内，不属于职工福利费；其次，组织职工旅游支出不是与企业取得收入直接相关的支出，不能税前扣除。

若企业在工会经费中列支了组织职工去外地旅游费用，未重复税前扣除，则不必做纳税调整。

《中华全国总工会办公厅关于印发〈基层工会经费收支管理办法〉的通知》（总工办发〔2017〕32号）第八条第二款规定："基层工会可以用会员会费组织会员观看电影、文艺演出和体育比赛等，开展春游秋游，为会员购买当地公园年票。……基层工会组织会员春游秋游应当日往返，不得到有关部门明令禁止的风景名胜区开展春游秋游活动。"因此，企业使用工会经费组织职工去外地旅游是违规的，但这就与税务机关没有关系了。

结　论

企业组织职工旅游支出不属于职工福利费，不能税前扣除。

争议 26
职工食堂和职工宿舍的折旧是否属于职工福利费

甲公司自建了一座职工食堂，又外购了房屋作为职工宿舍，职工食堂和职工宿舍的折旧是否属于职工福利费？

▶▶ 正方：职工食堂和职工宿舍的折旧属于职工福利费

关于员工食堂的建筑物折旧税前扣除的问题。员工食堂的建筑物也应该遵循权责发生制原则和历史成本原则，分期计提折旧，按照资产的使用部门或受益对象，结转到“应付职工薪酬——福利费”账户，按照相应的标准在企业所得税前申报扣除。如果员工食堂不是独立的建筑物，而是建筑物的一个组成部分，就必须对建筑物的折旧进行分摊，分摊的比例一般情况下是建筑面积比例，不考虑位置差异引起的价值差异。[1]

《陕西省地方税务局 2013 年度企业所得税汇算清缴纳税辅导之二》

---

[1] 国家税务总局教材编写组．企业所得税实务 [M]. 北京：中国财政经济出版社，2009：126.

第十六条规定："《国家税务总局关于企业工资薪金及职工福利费扣除问题的通知》(国税函〔2009〕3号)第三款第一条规定，尚未实行分离办社会职能的企业，其内设福利部门所发生的设备、设施和人员费用，包括职工食堂、职工浴室、理发室、医务所、托儿所、疗养院等集体福利部门的设备、设施及维修保养费用和福利部门工作人员的工资、薪金、社会保险费、住房公积金、劳务费等。所以，你公司作为员工宿舍的房屋计提的折旧，可以计入职工福利费在税前扣除。扣除标准为职工福利费支出不超过工资、薪金总额14%的部分"。

▶▶ 反方：职工食堂和职工宿舍的折旧不属于职工福利费

四川国税："按照《国家税务总局关于企业工资薪金及职工福利费扣除问题的通知》(国税函〔2009〕3号)第二条、第三条的规定，所得税法上的'工资薪金'与会计准则上的'应付职工薪酬'核算内容是不一致的。无论企业会计上对'应付职工薪酬'如何核算，税收处理上均要严格依据国税函〔2009〕3号文对'工资薪金总额'和'职工费利费'进行准确划分，并按照各自不同的扣除标准进行税前扣除。集体宿舍折旧费、物管费、水电费、网络费，在国税函〔2009〕3号文未明确列举为职工福利费，不能作类比推论。因此，对'集体宿舍'所涉及的相关费用，可不作为职工福利费限制扣除。"

大连国税2009年4月7日纳税咨询："用于食堂的购入固定资产计提折旧是计入管理费用还是应付福利费，应该按照会计规定执行，不是税法规范的内容。至于食堂的固定资产折旧是直接税前扣除还是计入福利费，按照《国家税务总局关于企业工资薪金及职工福利费扣除问题的通知》(国税函〔2009〕3号)规定：尚未实行分离办社会职能的企业，其内设福利部门所发生的设备、设施和人员费用，包括职工食堂、职工浴室、理发室、医务所、托儿所、疗养院等集体福利部门的设备、设施及维修保养费用和福利部门工作人员的工资薪金、社会保险费、住房公积金、劳务费等。文件没规定食堂的固定资产折旧要计入福利费范围，因此可以直接税前扣除。”

解　析

争议的焦点在于职工食堂和职工宿舍的折旧是否属于职工福利费是否于法有据。

职工食堂

■ 建筑物折旧

反方的观点是，国税函〔2009〕3 号文件并未规定职工食堂的折旧属于职工福利费。

其实不然，国税函〔2009〕3 号文件有明确规定。

先看会计规定。《财政部关于企业加强职工福利费财务管理的通知》（财企〔2009〕242 号）第一条第二款规定：“企业尚未分离的内设集体福利部门所发生的设备、设施和人员费用，包括职工食堂、职工浴室、理发室、医务所、托儿所、疗养院、集体宿舍等集体福利部门设备、设施的折旧、维修保养费用以及集体福利部门工作人员的工资薪金、社会保险费、住房公积金、劳务费等人工费用。”

再看税收规定。国税函〔2009〕3 号文件第一条第一款规定：“尚未实行分离办社会职能的企业，其内设福利部门所发生的设备、设施和人员费用，包括职工食堂、职工浴室、理发室、医务所、托儿所、疗养院等集体福利部门的设备、设施及维修保养费用和福利部门工作人员的工资薪金、社会保险费、住房公积金、劳务费等。"

似乎只说了职工食堂的设备、设施的折旧，没说建筑物的折旧。那么，什么是"设施"？

设施，《现代汉语词典》的解释为"为进行某项工作或满足某种需要而建立起来的机构、系统、组织、建筑等。"所以，设施是包括建筑物的。

因此，国税函〔2009〕3号文件中职工食堂的设施包括职工食堂建筑物本身，其折旧属于职工福利费。

■ **食堂设备折旧**

国税函〔2009〕3号文件明确规定职工食堂的设备费用属于职工福利费，设备属于固定资产，设备费用自然就是折旧费用，所以"文件没规定食堂的固定资产折旧要计入福利费范围"的观点是不对的。

职工宿舍

■ **建筑物折旧**

反方的观点是，国税函〔2009〕3号文件并未规定职工宿舍的折旧属于职工福利费。

确实，财企〔2009〕242号文件列举了集体宿舍，但国税函〔2009〕3号文件并未列举集体宿舍。由于基层税务机关和纳税人都无权对国家税务总局文件做出扩大性解释，因此，职工宿舍的折旧不属于职工福利费。

实际上，国税函〔2009〕3号文件对职工宿舍也有规定。该文件第一条第二款规定："为职工卫生保健、生活、住房、交通等所发放的各项补贴和非货币性福利”，职工宿舍属于发放给职工的住房方面的非货币性福利（总不能直接发房子吧），因此，职工宿舍属于企业的福利设施。若是企业自有的职工宿舍，其折旧属于职工福利费；若是企业租赁的职工宿舍，其支付的租金也属于职工福利费。

■ **宿舍水、电、气及维修费用**

如上所述，职工宿舍属于企业的福利设施，其发生的水、电、气及维修等费用，也是福利设施发生的费用，也属于职工福利费。

职工食堂和职工宿舍的折旧费都比较大，一旦计入职工福利费，很可能超标，而且其折旧与职工福利费的税前扣除基数——工资薪金支出没有关系，所以有观点认为折旧不属于职工福利费。但按照国税函〔2009〕3号文件规定，折旧确实属于职工福利费。

结　论

企业职工食堂和职工宿舍的折旧属于职工福利费。

争议 27
企业给员工报销通讯费能否税前扣除

甲公司每月给员工报销一定金额的手机通讯费，是否属于职工福利费？

对于企业为职工报销手机通讯费，各地规定不一，大致有四种观点。

▶▶ 观点一：不得税前扣除

如《北京市国家税务局2008年度企业所得税汇算清缴政策问题解答》规定："按照《国家税务总局关于企业工资薪金及职工福利费扣除问题的通知》（国税函〔2009〕3号）的规定，个人报销的通讯费未列入职工福利费的范围，因此其不能计入企业发生的职工福利费支出从税前扣除。个人报销的通讯费，其通讯工具的所有者为个人，发生的通讯费无法分清是用于个人使用还是用于企业经营，不能判断其支出是否与企业的收入有关，因此应作为与企业收入无关的支出，不予从税前扣除。"这个政策至今有效。

▶▶ 观点二：据实税前扣除

如《河北省地方税务局关于企业所得税若干业务问题的公告》（河北省地方税务局公告 2014 年第 4 号）第二十五条规定：“企业在依据真实、合法的凭据为本企业职工（已签订《劳动合同》）报销的与取得应税收入有关的合理的办公通讯费用，准予在税前据实扣除。”

▶▶ 观点三：作为工资薪金支出税前扣除

如《陕西省国家税务局关于职工通讯费企业所得税税前扣除问题的批复》（陕国税函〔2014〕47 号）规定：“企业在标准范围内据实向职工报销的通讯费，属于职工个人的货币收入，应作为职工工资薪金收入按有关规定在企业所得税税前扣除。”

▶▶ 观点四：作为职工福利费限额扣除

如《河北省国家税务局关于印发〈企业所得税若干政策问题解答〉的通知》（冀国税函〔2013〕161 号）第十四条规定：“根据《国家税务总局关于企业工资、薪金及职工福利费扣除问题的通知》（国税函〔2009〕3 号）、《财政部关于企业加强职工福利费财务管理的通知》（财企〔2009〕242 号）规定，企业为职工凭票报销的通讯费，应计入职工福利费；企业以现金形式按月按标准发放或支付给全体职工的通讯补贴，应计入职工工资薪金。”即使在同一省，国税、地税对于报销通讯费的规定也会有不一致。

解　析

通讯费不在国税函〔2009〕3号文件列举范围内，不应作为职工福利费；由于个人手机的通讯费无法分清是用于个人事务还是用于企业经营，因此不能税前扣除。但各税务机关规定不一致。

结　论

关于甲公司给员工报销的手机通讯费能否税前扣除，应咨询主管税务机关。建议不采用报销形式，而是随同工资一起发放，符合《国家税务总局关于企业工资薪金和职工福利费等支出税前扣除问题的公告》（国家税务总局公告2015年第34号）要求，可作为工资薪金支出税前扣除。

争议 28
外出学习过程中发生的差旅费和住宿费是否属于职工教育经费

甲公司外派一批员工去外地参加业务培训，其间发生的差旅食宿费用是否计入职工教育经费？

▶▶ 正方：培训期间发生的差旅费和住宿费属于职工教育经费

《江苏省扬州市地方税务局每日热点问题解答（2013 年 4 月 26 日）》回答："根据财建〔2006〕317 号第三条第五款规定，企业职工教育培训经费列支范围包括：……因此，企业职工外出培训发生的住宿费、车船费、餐费、会议费等可以在职工教育经费列支，上述事项如果不是与培训有关的必要的支出，不得在职工教育经费中列支。"

▶▶ 反方：培训期间发生的差旅费和住宿费不属于职工教育经费

《北京市国家税务局企业所得税类热点问题（2014 年 6 月）》回答："根据财建〔2006〕317 号第三条规定，企业职工教育培训经费列支范围包括：……因此，企业到外地培训时发生的住宿费和差旅费，不属于职工教育经费的范畴。”

解　析

企业派职工到外地培训，发生的住宿费和差旅费，是否属于职工教育经费？争议的焦点在于如何理解《关于企业职工教育经费提取与使用管理的意见》（财建〔2006〕317 号）第三条第五款规定的职工教育经费范围中的“企业组织的职工外送培训的经费支出”。

有的税务机关认为，企业组织职工外出培训必然要花费住宿费和差旅费是职工教育支出的一部分，属于职工教育经费。

有的税务机关认为，企业组织职工外出培训花费的住宿费和差旅费与职工教育无关，不应挤占职工教育经费。

我们可以参考财政部印发的《中央和国家机关培训费管理办法》（财行〔2016〕540 号）第八条的规定：“本办法所称培训费，是指各单位开展培训直接发生的各项费用支出，包括师资费、住宿费、伙食费、培训场地费、培训资料费、交通费以及其他费用。”其中，“住宿费是指参训人员及工作人员培训期间发生的租住房间的费用。”“交通费是指用于培训所需的人员接送以及与培训有关的考察、调研等发生的交通支出。”由此可见，中央和国家机关的培训费是包括住宿费和交通费的。

企业不同于中央和国家机关，不能适用以上政策，仅供参考。但显然，若住宿费和差旅费不计入职工教育经费，对企业更有利。

结　论

建议咨询主管税务机关。

争议 29
补充保险中的“全体员工”是否一个都不能少

甲公司有100名员工，为其中99人办理了补充养老保险，其支出能否税前扣除？

乙公司有100名员工，规定工作三年以上的员工才能办理补充养老保险，90名工作三年以上的员工办理了补充养老保险，能否税前扣除？

丙公司有100名员工，规定员工自愿选择是否办理补充养老保险。有80名员工自愿办理补充养老保险，20名员工不愿办理补充养老保险，其支出能否税前扣除？

▶▶ 正方：非覆盖“全体员工”不得税前扣除

《财政部 国家税务总局关于补充养老保险费、补充医疗保险费有关企业所得税政策问题的通知》（财税〔2009〕27号）规定：“自2008年1月1日起，企业根据国家有关政策规定，为在本企业任职或者受雇的全体员工支付的补充养老保险费、补充医疗保险费，分别在不超过职工工资总额5%标准内的部分，在计算应纳税所得额时准予扣除；超过的部分，不予扣除。”政策规定的是“全体员工”，少一个也不能税前扣除。

▶▶ 反方：大多数员工即可税前扣除

大多数企业做不到“全体员工”，只要涉及大多数员工，其支出就可以税前扣除。

解 析

在实务中，确实有的企业将补充养老保险、补充医疗保险（以下简称补充保险）作为给予高管的一种福利，仅为高管办理补充保险，普通职工则享受不到这一福利。因此，为使普通劳动者也能够享受到补充保险，促使企业为全体员工办理补充保险，税收上才制定了如此严格的规定。企业仅为高管支付的补充保险不能税前扣除，没有争议。

那么，如果企业为99%的员工办理了补充保险，能否税前扣除？该争议充分体现了“条款派”和“原则派”的分歧。

从严格意义上讲，少一个人也不是“全体员工”。但补充保险不是国家强制规定的保险，它属于一种福利，在《财政部关于企业加强职工福利费财务管理的通知》（财企〔2009〕242号）中也是作为职工福利费处理的。

企业员工众多，很难做到一个人都不差地全部办理补充保险，很少有新入职的员工就能享受补充保险的，有的企业规定只为工作一定年限以上的员工办理补充保险，有的企业规定试用期员工转正后才能办理补充保险，有的企业规定自愿办理补充保险。如《财政部关于印发〈国有金融企业年金管理办法〉的通知》（财金〔2012〕159号）第四条第二款规定：“公平与效率相结合。建立企业年金制度，应当按照‘公开、公平、公正’的原则，扩大企业年金覆盖面，保障符合条件、自愿参加的全体职工，并根据发展战略、收入分配制度、人力资源策略、职工贡献程度等因素，探索建立多层次的企业年金保障体系，促进企业经济效益增长”；第十五条规定：“金融企业应当统筹做好企业年金与其他养老福利制度的衔接。对于参加企业年金方案时距其退休时间相对较短的人员（以下简称中人），金融企业可在规定比例内采取过渡期补偿性缴费、一次性补偿等适当方式（以下简称补偿性缴费），实现新老制度的平稳过渡”。该文件规定国有金融企业员工自愿参加年金，并且即将退休人员可不参加年金。

如此，大多数企业达不到“全体员工”标准，若严格按照财税〔2009〕27号文件规定，都不得税前扣除。

没有文号的《国家税务总局稽查局关于2015年度重点税源企业随机抽查工作的指导意见》对此的指导意见是：“对于企业为员工支付的补充养老保险费、补充医疗保险费，如企业制定的相关方案或制度针对全体员工，而部分员工自愿不加入的，可视为财税〔2009〕27号中的‘全体员工’，不予调整。”

据了解，对于“全体员工”，各税务机关把握不一，有的划定一个比例，只要大多数员工都办理了就可以，有的只要社保部门同意了企业的年金制度，税务机关就认可。不管怎样，在认可非全体员工参加补充保险可以税前扣除的情况下，税前扣除基数是参加补充保险员工的工资总额的5%，而不是全体员工工资总额的5%。

结　论

“全体员工”是否为一个都不能少，应与主管税务机关沟通。

争议 30
企业为投资者支付的补充保险费用能否税前扣除

甲公司为其投资者支付了补充养老保险和补充医疗保险费用，未超过财税〔2009〕27 号文件规定的比例，能否税前扣除？

▶▶ 正方：企业为投资者支付的补充保险可以税前扣除

《企业所得税法实施条例》第三十五条第二款规定：“企业为投资者或者职工支付的补充养老保险费、补充医疗保险费，在国务院财政、税务主管部门规定的范围和标准内，准予扣除。”因此，企业为投资者支付的补充保险可以比照财税〔2009〕27 号文件规定的比例税前扣除。

▶▶ 反方：企业为投资者支付的补充保险不能税前扣除

财税〔2009〕27 号文件规定：“自 2008 年 1 月 1 日起，企业根据国家有关政策规定，为在本企业任职或者受雇的全体员工支付的补充养老保险费、补充医疗保险费，分别在不超过职工工资总额 5% 标准内的部分，在计算应纳税所得额时准予扣除；超过的部分，不予扣除。”未规定为投资者支付的比例，因此，企业为投资者支付的补充保险不能税前扣除。

解 析

首先，财税〔2009〕27号文件规定的“在本企业任职或者受雇的全体员工”，不包括投资者，因此，这一事项不能适用财税〔2009〕27号文件。

其次，投资者若不是企业的员工，为其支付的工资、福利、保险等都属于与企业取得收入无关的支出，不能税前扣除。

结 论

企业为非在本企业任职或者受雇的投资者支付的补充保险支出不能税前扣除。

争议 31
企业自行管理补充保险的相关支出能否税前扣除

甲公司建立了年金计划，自行管理企业年金，相关支出能否税前扣除？

▶▶ 正方：企业自行管理补充保险的相关支出可以税前扣除

政策并未规定企业自行管理补充保险的相关支出不能税前扣除，因此可以税前扣除。

▶▶ 反方：企业自行管理补充保险的相关支出不能税前扣除

企业自行管理的补充保险没有向第三方支付保险费用，资金所有权仍保留在企业内部，不能税前扣除。

解　析

《企业年金基金管理办法》（人力资源社会保障部、银监会、证监会、保监会令第 11 号）第十五条规定："建立企业年金计划的企业，应当通过职工大会或者职工代表大会讨论确定，选择法人受托机构作为受托人，或者成立企业年金理事会作为受托人。”

《财政部 劳动保障部关于企业补充医疗保险有关问题的通知》（财社〔2002〕18号）第三条规定：“企业补充医疗保险办法应与当地基本医疗保险制度相衔接。企业补充医疗保险资金由企业或行业集中使用和管理，单独建账，单独管理，用于本企业个人负担较重职工和退休人员的医药费补助，不得划入基本医疗保险个人账户，也不得另行建立个人账户或变相用于职工其他方面的开支。”

因此，企业的补充保险，既可以向商业保险机构投保，也可以自行管理。

税收政策确实并未规定企业自行管理补充保险的相关支出不能税前扣除，但财税〔2009〕27号文件规定了“支付”，自行管理并非支付，与政策不符，不能税前扣除。

结　论

企业自行管理补充保险的相关支出不能税前扣除。

争议 32 企业通过外地名单中的公益性社会团体进行捐赠能否税前扣除

甲公司向外省公益性社会团体捐赠，该公益性社会团体不在国家级名单内，但在当地省级获得公益性捐赠税前扣除资格的公益性社会团体名单内，能否税前扣除？

▶▶ 正方：企业通过外地名单中的公益性社会团体进行捐赠可以税前扣除

经省、自治区、直辖市、计划单列市相关部门公布的公益性社会团体，也是符合公益性捐赠税前扣除条件的公益性社会团体，通过其进行的公益性捐赠，可以税前扣除。

▶▶ 反方：企业通过外地名单中的公益性社会团体进行捐赠不能税前扣除

2013 年 4 月芦山地震发生后，很多企业通过深圳市壹基金公益基金会进行捐款，壹基金自 2011 年在深圳民政局注册之后，具有地方公募资格，经过民政局、财政委、国税局、地税局审批后，在同年 5 月获取了免税资格，并可向捐赠方开具广东省接受社会捐赠专用收据。由于壹基金不在财政部、国家税务总局、民政部公布的公益性捐赠税前扣除资格的公益性社会团体名单中，有些广东省以外的税务机关认为，企业通过壹基金的捐赠支出不能税前扣除。[1]

解 析

《财政部 国家税务总局关于通过公益性群众团体的公益性捐赠税前扣除有关问题的通知》（财税〔2009〕124号）第五条第三款规定："对符合条件的公益性群众团体，按照上述管理权限，由财政部、国家税务总局和省、自治区、直辖市、计划单列市财政、税务部门分别每年联合公布名单。名单应当包括继续获得公益性捐赠税前扣除资格和新获得公益性捐赠税前扣除资格的群众团体，企业和个人在名单所属年度内向名单内的群众团体进行的公益性捐赠支出，可以按规定进行税前扣除。"《财政部 国家税务总局 民政部关于公益性捐赠税前扣除有关问题的补充通知》（财税〔2010〕45号）第三条第一款规定："对获得公益性捐赠税前扣除资格的公益性社会团体，由财政部、国家税务总局和民政部以及省、自治区、直辖市、计划单列市财政、税务和民政部门每年分别联合公布名单。名单应当包括当年继续获得公益性捐赠税前扣除资格和新获得公益性捐赠税前扣除资格的公益性社会团体。"政策是认可省级财政、税务和民政部门公布的公益性社会团体名单的。

目前有的省规定可以认可外省认定的公益组织，该省的企业可以依据公益组织捐赠发票税前扣除。如《北京市财政局、北京市国家税

[1] 侯雪竹．公益捐赠税收优惠"灰色地带"[N]．京华时报，2013-05-20（C02）．

务局、北京市地方税务局、北京市民政局转发财政部、国家税务总局、民政部关于公益性捐赠税前扣除有关问题的补充通知》(京财税〔2010〕2039 号)第五条规定:"纳税人在我市以外地区开展公益性捐赠活动税前扣除时,需留存下列资料备查:(一)财政部或省、自治区、直辖市财政部门印制的公益性捐赠票据或《非税收入一般缴款书》收据联;(二)省、自治区、直辖市和计划单列市以上财政、税务、民政部门联合确认、公布的公益性捐赠税前扣除资格的文件复印件。"因此,在有明确规定的省,企业可按照本省的要求税前扣除。

结 论

外地公益性社会团体经过当地省级财政、税务和民政部门确认的,企业通过其进行的公益性捐赠也可以税前扣除。

争议 33
会议费与业务招待费的区分

某大型药企G公司“营业费用——小型研讨会”科目项下核算的会议费用高达1亿元。该公司税务总监介绍，他们的医药代表经常邀请各医院医生召开小型会议，介绍公司产品的药效和临床经验等情况。检查组发现，仅从报销凭证看，G公司小型研讨会的地点大多在餐厅包间。因此，检查组对该公司这项会议费用的列支提出了质疑。❶

▶▶ 正方：吃饭时开会属于业务招待费

餐费发票只能反映用餐的事实，却无法反映小型研讨会的内容及形式。除餐费发票，企业应提供其他合法有效的凭证，形成一个证据链，证明该项会议费是真实发生且与取得收入直接相关的支出。G公司仅凭餐费发票就直接按会议费入账核算并申报扣除，难以让人信服。

---

❶ 王晓语.餐桌上“吃出”亿元会议费[N].中国税务报，2016-04-22（B5）.

▶▶ 反方：开会时吃饭属于会议费

G公司税务总监称，小型研讨会是医药行业开展业务宣传的主要形式之一，由于参会的医生工作繁忙，多在午间或晚上下班用餐时间互动交流，故会议地点选在餐馆，会议费用体现在餐费发票上。借用G公司税务总监的解释就是："我们只不过是在吃饭的时候谈点事"。在他看来，请医生吃饭也是为了推销药品，这是整个行业普遍存在且不得已而为之的营销模式，应作为企业的一项合理费用。

解　析

将业务招待费作为会议费列支是企业常见的做法，企业往往借开会之名招待关联企业、客户、供销商等，相关支出应作为业务招待费支出，不能全额在税前扣除。《企业所得税税前扣除办法》(国税发〔2000〕84号，已废止)要求"会议费证明材料应包括：会议时间、地点、出席人员、内容、目的、费用标准、支付凭证等。"

有的税务机关提出明确要求，如《河北省国家税务局关于印发〈企业所得税若干政策问题解答〉的通知》(冀国税函〔2013〕161号)第十八条规定："会议费征明材料应包括：(1)会议名称、时间、地点、目的及参加会议人员签到的花名册；(2)会议材料(会议议程、讨论专件、领导讲话)；(3)会议召开地酒店(饭店、招待处)出具的服务业专用发票。"有的税务机关甚至还要求提供会议视频。

《宁夏回族自治区地方税务局 宁夏回族自治区国家税务局关于印发〈企业所得税税前扣除凭证管理办法(试行)〉的公告》(宁夏回族自治区地方税务局宁夏回族自治区国家税务局公告2012年第3号)第十三

条规定："企业发生的会议费，以收款方出具的发票和付款单据为税前扣除凭证。企业应保存会议时间、会议地点、会议对象、会议目的、会议内容、费用标准等内容的相应证明材料，作为备查资料。"

实务中，关于会议费与业务招待费的争议越来越大，很难给出一个明确的标准，需要具体问题具体分析。开会必然要吃饭，边吃饭边开会究竟属于会议费还是业务招待费，确实难以判断。

结　论

企业发生的业务招待费不能与会议费混淆。企业在列支会议费时，应具备会议费证明材料，包括会议时间、地点、出席人员、内容、目的、费用标准、支付凭证等，这样才能真正作为会议费全额在税前扣除。

争议 34
业务招待费与业务宣传费的区分

甲公司年末召开经销商年会，会上赠送每位经销商一部手机；又召开专家研讨会，赠送与会专家每人一个印有企业 Logo 的保温杯。甲公司赠送手机和保温杯的支出如何税前扣除?

▶▶ 正方：赠送外购物品的支出属于业务招待费，赠送有企业标识物品的支出属于业务宣传费

甲公司赠送经销商手机的支出属于业务招待费，赠送专家的保温杯由于有企业 Logo，故其支出属于业务宣传费。

▶▶ 反方：赠送外购物品的支出属于业务招待费，赠送有企业标识物品的支出不一定属于业务宣传费

甲公司赠送经销商手机和赠送专家保温杯的支出都属于业务招待费。

解　析

这个需要具体问题具体分析，实质上以宣传企业品牌、商品、文化价值等为目的的行为发生的支出，应界定为业务宣传费。一般认为，礼品上有企业 Logo 或宣传语就可以作为业务宣传费，也不尽然。笔者认为，可从赠送对象和赠品价值来判断。

赠送给特定关系人，单位价值较大的礼品支出，一般属于业务招待费。企业外购手机赠送经销商的支出一般应作为业务招待费，若企业本身就是手机公司，赠送经销商自产的手机所对应的支出仍应作为业务招待费。即使企业将外购手机打上本企业 Logo，也不能作为业务宣传费。因为手机价值较高，一般只会赠送给经销商、大客户等关系密切之人，不会赠送给普通消费者，其招待的性质更强，其支出实质上还是属于业务招待费。

赠送给所有人，单位价值较小的礼品支出，一般属于业务宣传费。如食品企业在超市举办的试吃活动，婚博会上为招揽顾客赠送的小礼品，即使不是甲公司的产品，没有甲公司 Logo，其支出也属于业务宣传费。

当然也有特例，如手机企业在新产品发布会上赠送经销商、明星、记者、网红未上市的新产品手机，有试用和宣传性质，其支出则属于业务宣传费。

特殊情况是无法穷尽的，比如一般认为请客的餐费属于业务招待费，若发布会后宴请经销商、明星、记者、网红，请他们多多宣传推广新产品，请客吃饭是为了宣传新产品，其支出是属于业务招待费，还是业务宣传费，观点不一。

因此，甲公司赠送经销商手机和赠送专家印有企业 Logo 的保温杯的支出，都属于业务招待费。

结　论

企业赠送客户的礼品，可从赠品的性质和赠送对象上来区分，需要具体问题具体分析，建议咨询主管税务机关。

争议 35
所有企业的股权投资是否都可以作为业务招待费税前扣除基数

甲房地产开发企业 2016 年度发生股权转让，股权转让收入 1 000 万元，甲公司将其作为计算业务招待费税前扣除基数，是否可以？

▶▶ 正方：所有企业的股权投资都可以作为业务招待费税前扣除基数

《国家税务总局关于贯彻落实企业所得税法若干税收问题的通知》（国税函〔2010〕79 号）第八条规定："对从事股权投资业务的企业（包括集团公司总部、创业投资企业等），其从被投资企业所分配的股息、红利以及股权转让收入，可以按规定的比例计算业务招待费扣除限额。"该规定并没有限定专门从事股权投资业务的企业，只要发生了股权投资业务都可以。

▶▶ 反方：只有从事股权投资业务的企业的股权投资才能作为业务招待费税前扣除基数

根据国税函〔2010〕79 号文件第八条的规定，只有专门从事股权投资业务的企业才适用该政策，其他企业不适用。

解　析

在实务中，“从事股权投资业务的企业”是指主业是从事股权投资业务，还是只要从事有股权投资业务也可以，有所争议。据说国家税务总局的口径是所有企业从被投资企业所分配的股息、红利以及股权转让收入，都可以作为计算业务招待费扣除限额的基数。

结　论

国税函〔2010〕79 号文件第八条规定是否适用所有企业，建议咨询主管税务机关。

争议 36
筹建期发生的广告费开始生产经营后如何税前扣除

甲公司 2016 年为筹建期，当年发生筹办费 200 万元，其中业务招待费 40 万元，广告费 60 万元，筹办费全部计入管理费用。2017 年开始生产经营，当年取得营业收入 5 000 万元，发生招待费 600 万元，发生广告费 800 万元。甲公司筹建期发生的业务招待费和广告费如何税前扣除？

《国家税务总局关于企业所得税应纳税所得额若干税务处理问题的公告》（国家税务总局公告 2012 年第 15 号）第五条规定："企业在筹建期间，发生的与筹办活动有关的业务招待费支出，可按实际发生额的 60% 计入企业筹办费，并按有关规定在税前扣除；发生的广告费和业务宣传费，可按实际发生额计入企业筹办费，并按有关规定在税前扣除。"

甲公司应将业务招待费 24 万元（40×60%）、广告费 60 万元计入企业筹办费，没有争议，甲公司筹办费 =200-（40-24）=184（万元）。但开始生产经营后广告费如何税前扣除存在争议。

▶▶ 正方：筹建期发生的广告费计入企业筹办费，在开始生产经营后全额税前扣除

筹建期发生的广告费计入企业筹办费，在开始生产经营后全额税前扣除，不受开始生产经营当期广告费税前扣除限额的限制。即：

2017 年业务招待费：5 000 × 0.5%=25（万元）<600 × 60%=360（万元），可扣除 25 万元，调增：600−25=575（万元）。

2017 年广告费和业务宣传费：5 000 × 15%=750（万元）<800 万元，可扣除 750 万元，调增：800−750=50（万元）。

2017 年税前扣除筹办费 184 万元。

▶▶ 反方：筹建期发生的广告费计入企业筹办费，在开始生产经营后与生产经营期发生的广告费一并计算税前扣除

筹建期发生的广告费计入企业筹办费，在开始生产经营后与当期发生的广告费合并，计算税前扣除限额。即：

2017 年业务招待费：5 000 × 0.5%=25（万元）<600 × 60%=360（万元），可扣除 25 万元，调增：600−25=575（万元）。

2017 年广告费和业务宣传费：5 000 × 15%=750（万元）<800+60=860（万元），可扣除 750 万元，调增：860−750=110（万元）。

2017 年税前扣除筹办费 184 万元。

解　析

筹建期发生的广告费在开始生产经营后如何税前扣除争议的焦点在于对国家税务总局公告 2012 年第 15 号第五条“有关规定”的理解不同。

第一种观点认为“有关规定”是指《国家税务总局关于企业所得税若干税务事项衔接问题的通知》(国税函〔2009〕98号)第九条规定的“新税法中开(筹)办费未明确列作长期待摊费用，企业可以在开始经营之日的当年一次性扣除”，第二种观点认为“有关规定”是指《企业所得税法实施条例》第四十四条。

目前普遍的观点是前者，即筹建期发生的广告费可以在开始经营期全额扣除。

结　论

筹建期发生的业务招待费，按实际发生额的60%计入企业筹办费，按照筹办费的要求税前扣除；筹办期间发生的广告费和业务宣传费按实际发生额计入企业筹办费，在开始经营期扣除时不受当年销售(营业)收入15%的限制。

争议 37
"三费"计算税前扣除基数是否包括纳税调整

《企业所得税法实施条例》第四十三条规定："企业发生的与生产经营活动有关的业务招待费支出，按照发生额的60%扣除，但最高不得超过当年销售（营业）收入的5‰。"第四十四条规定："企业发生的符合条件的广告费和业务宣传费支出，除国务院财政、税务主管部门另有规定外，不超过当年销售（营业）收入15%的部分，准予扣除；超过部分，准予在以后纳税年度结转扣除。"此处的"销售（营业）收入"是否包括除视同销售以外的其他收入类纳税调整？

▶▶ 正方："三费"税前扣除基数包括纳税调整

"三费"（业务招待费、广告费和业务宣传费）计算税前扣除基数为会计上的营业收入加视同销售收入及其他收入类纳税调整。

▶▶ 反方："三费"税前扣除基数不包括纳税调整

一般企业"三费"计算税前扣除基数为会计上的营业收入加视同销售收入，不包括其他收入类纳税调整。

解　析

该争议的焦点在于《企业所得税法实施条例》规定的“销售（营业）收入”应如何理解。

《国家税务总局关于企业所得税执行中若干税务处理问题的通知》（国税函〔2009〕202号）第一条规定：“企业在计算业务招待费、广告费和业务宣传费等费用扣除限额时，其销售（营业）收入额应包括《实施条例》第二十五条规定的视同销售（营业）收入额。”对于一般企业来说，“三费”税前扣除基数是包括视同销售收入在内的销售（营业）收入；房地产开发企业是包括视同销售收入在内的销售（营业）收入和销售未完工产品的预售收入。那么，销售（营业）收入除了视同销售收入外的收入，是会计收入，还是会计收入加纳税调整收入？

2008版申报表附表三《纳税调整项目明细表》第26行“业务招待费支出”第2列“税收金额”填报说明为：“比较‘本行第1列 ×60%’与‘附表一（1）《收入明细表》第1行 ×5‰’或‘附表一（2）《金融企业收入明细表》第1＋38行合计 ×5‰’或‘本行第1列 ×60%’两数，孰小者填入本行第2列。”即税前扣除基数是营业收入加视同销售收入。附表八《广告费和业务宣传费跨年度纳税调整表》第4行“本年计算广告费和业务宣传费扣除限额的销售（营业）收入”填报说明如是。但2014版申报表、2017版申报表没有如此明确说明。

笔者认为，一般企业的“三费”计算税前扣除基数是营业收入（主营业务收入加其他业务收入）加视同销售收入，营业收入是企业会计上的收入，来源于企业所得税年度申报表主表第一行“营业收入”，这个营业收入是企业按照会计制度核算的，不考虑纳税调整。理由为：一是如果考虑税会差异，视同销售收入也是税会差异之一，就没有必要单独拿出来说了；二是如果考虑税会差异，将增加企业申报负担和税务机关监管难度。如分期收款，会计上一次性确认收入，税法要求分期确认收入，若包括纳税调整，企业每年都要调整业务招待费。

“三费”税前扣除基数是会计上的营业收入加税收上的视同销售收入，前者来源于年度申报表主表第一行“营业收入”，年度申报表第一行“营业收入”来源于企业利润表第一行“营业收入”。企业在会计上确认了多少收入就依据多少收入，如果企业会计上确认收入错误，调增（减）会计收入，扩大（缩小）“三费”计算税前扣除基数；若根据税会差异调整收入，计入相关纳税调整表，不作为“三费”计算税前扣除基数。

结 论

一般企业“三费”计算税前扣除基数是营业收入加视同销售收入，营业收入是企业会计收入，不包括其他收入类纳税调整的收入。

争议 38
公司法修订后，投资未到位而发生的利息支出能否据实税前扣除

甲公司2017年1月1日银行贷款1 000万元，年利率8%，同时接受乙公司的投资800万元，投资协议规定应于年底前到位。截至2017年12月31日，乙的投资只到位500万元。按照《国家税务总局关于企业投资者投资未到位而发生的利息支出企业所得税前扣除问题的批复》（国税函〔2009〕312号）计算，甲公司2017年不得税前扣除的利息=1 000×8%×（300/1 000）=24（万元）。

▶▶ 正方：公司法修订后，投资未到位而发生的利息支出不再受国税函〔2009〕312号文件限制，可以据实税前扣除

国税函〔2009〕312号文件出台于公司法修订之前，新修订的《中华人民共和国公司法》删除了出资额分期到位的强制规定，因此，企业投资者投资未到位而发生的利息支出，不再受国税函〔2009〕312号文件限制，可以据实税前扣除。

▶▶反方：公司法修订后，投资未到位而发生的利息支出超过国税函〔2009〕312号文件计算限额的，不能税前扣除

公司法修订后，企业投资者投资未到位而发生的利息支出，仍应按照国税函〔2009〕312号文件规定计算，超过限额的部分不能税前扣除。

解　析

旧的《中华人民共和国公司法》第二十六条规定："有限责任公司的注册资本为在公司登记机关登记的全体股东认缴的出资额。公司全体股东的首次出资额不得低于注册资本的百分之二十，也不得低于法定的注册资本最低限额，其余部分由股东自公司成立之日起两年内缴足；其中，投资公司可以在五年内缴足。"

《国家税务总局关于企业投资者投资未到位而发生的利息支出企业所得税前扣除问题的批复》（国税函〔2009〕312号）规定："关于企业由于投资者投资未到位而发生的利息支出扣除问题，根据《中华人民共和国企业所得税法实施条例》第二十七条规定，凡企业投资者在规定期限内未缴足其应缴资本额的，甲公司对外借款所发生的利息，相当于投资者实缴资本额与在规定期限内应缴资本额的差额应计付的利息，其不属于企业合理的支出，应由企业投资者负担，不得在计算企业应纳税所得额时扣除。

具体计算不得扣除的利息，应以企业一个年度内每一账面实收资本与借款余额保持不变的期间作为一个计算期，每一计算期内不得扣除的借款利息按该期间借款利息发生额乘以该期间企业未缴足的注册资本占借款总额的比例计算，公式为：

企业每一计算期不得扣除的借款利息＝该期间借款利息额 × 该期间未缴足注册资本额 ÷ 该期间借款额

企业一个年度内不得扣除的借款利息总额为该年度内每一计算期不得扣除的借款利息额之和。”

新的《中华人民共和国公司法》第二十六条规定：“有限责任公司的注册资本为在公司登记机关登记的全体股东认缴的出资额。法律、行政法规以及国务院决定对有限责任公司注册资本实缴、注册资本最低限额另有规定的，从其规定。”虽然删除了出资额分期到位的强制规定，改由公司章程约定，但并不能因此认为国税函〔2009〕312 号文件失效。公司章程会明确约定注册资本应到位时间，投资者投资按章程约定应到位而未到位，企业按照公式计算的利息支出同样不得税前扣除。

结　论

公司法修订后，投资者投资未到位而发生的利息支出仍应按照国税函〔2009〕312 号文件的规定计算扣除。

争议 39
企业为投资发生的利息支出是否应资本化

甲公司用银行贷款 1 000 万元投资于乙公司，计划长期持有股权，其向银行支付的利息 80 万元，是否应当资本化计入长期股权投资成本？

▶▶ 正方：企业为投资发生的利息支出应资本化

《国家税务总局关于企业所得税应纳税所得额若干税务处理问题的公告》（国家税务总局公告 2012 年第 15 号）第二条规定："企业通过发行债券、取得贷款、吸收保户储金等方式融资而发生的合理的费用支出，符合资本化条件的，应计入相关资产成本；不符合资本化条件的，应作为财务费用，准予在企业所得税前据实扣除。"甲公司投资超过 1 年，其为投资发生的利息支出应予以资本化。

▶▶ 反方：企业为投资发生的利息支出不用资本化

企业为投资发生的利息支出不符合资本化条件，不用资本化。

解　析

会计规定

《企业会计准则第 17 号——借款费用》第四条规定："企业发生的借款费用，可直接归属于符合资本化条件的资产的购建或者生产的，应当予以资本化，计入相关资产成本；其他借款费用，应当在发生时根据其发生额确认为费用，计入当期损益。符合资本化条件的资产，是指需要经过相当长时间的购建或者生产活动才能达到预定可使用或者可销售状态的固定资产、投资性房地产和存货等资产。"

税法规定

《企业所得税法实施条例》第三十七条规定："企业在生产经营活动中发生的合理的不需要资本化的借款费用，准予扣除。企业为购置、建造固定资产、无形资产和经过 12 个月以上的建造才能达到预定可销售状态的存货发生借款的，在有关资产购置、建造期间发生的合理的借款费用，应当作为资本性支出计入有关资产的成本，并依照本条例的规定扣除。"

无论会计上还是税法上，需要资本化的利息支出指的都是为购置、建造固定资产、无形资产和存货发生借款的利息支出，不包括投资资产发生的利息，所以投资资产发生的利息支出不必资本化。

结　论

企业为投资支付的利息不必资本化，在当期税前扣除。

争议 40
委托贷款是否适用金融机构贷款规定

甲公司采用委托贷款方式委托 A 银行将款项贷给关联企业乙公司。按照委托贷款合同约定，乙公司将利息付给 A 银行，A 银行开具利息单据给乙公司，然后再将利息付给委托人甲公司。乙公司支付的利息是否可以据实税前扣除？

▶▶ 正方：委托贷款适用金融机构贷款规定

《贷款通则》（中国人民银行令 1996 年 2 号）第七条将贷款种类分为自营贷款、委托贷款和特定贷款，因此，委托贷款也是金融机构的业务。乙公司支付给 A 银行的利息符合《企业所得税法实施条例》第三十八条的规定，“企业在生产经营活动中发生的下列利息支出，准予扣除：（一）非金融企业向金融企业借款的利息支出、金融企业的各项存款利息支出和同业拆借利息支出、企业经批准发行债券的利息支出”，可以据实税前扣除，不受金融企业同期同类贷款利率限制，也不受《财政部 国家税务总局关于企业关联方利息支出税前扣除标准有关税收政策问题的通知》（财税〔2008〕121 号）规定的关联企业债资比限制。

▶▶ 反方：委托贷款不适用金融机构贷款规定

在委托贷款中，金融机构只是中介，实际贷款人是甲公司，实质上并非从 A 银行贷款，因此不适用《企业所得税法实施条例》第三十八条第一款，而是适用《企业所得税法实施条例》第三十八条第二款的规定，即“非金融企业向非金融企业借款的利息支出，不超过按照金融企业同期同类贷款利率计算的数额的部分”，并且受财税〔2008〕121 号文件规定的关联企业债资比限制。

解　析

委托贷款，系指由政府部门、企事业单位及个人等委托人提供资金，由贷款人（即受托人）根据委托人确定的贷款对象、用途、金额、期限、利率等代为发放、监督使用并协助收回的贷款。贷款人（受托人）只收取手续费，不承担贷款风险。

有人认为，委托贷款是一种避税方法，可以视为向金融机构贷款，但委托贷款并不是向金融机构贷款。其特点包括：

（1）资金由委托人提供，金融机构并不提供资金；

（2）贷款对象、用途等在合法范围内由委托人确定，金融机构并不干涉；

（3）贷款利率由委托人确定，可以高于银行贷款利率，但金融机构的贷款利率不能超过央行规定；

（4）受托贷款金融机构不赚取利息。《贷款通则》第二十四条第四款规定：“自营贷款和特定贷款，除按中国人民银行规定计收利息之外，不得收取其他任何费用；委托贷款，除按中国人民银行规定计收手续费之外，不得收取其他任何费用。”受托贷款金融机构只是代实际委托人收取利息，其本身并不收取利息，只收取手续费，不承担贷款风险。

因此，在委托贷款业务中，受托贷款的金融机构只起到中介的作用，实际贷款人是出资人，实质是企业向非金融机构贷款，应按照《企业所得税法实施条例》第三十八条第二款和财税〔2008〕121 号文件有关规定执行。

同时，受托贷款的金融机构也不得扣除贷款损失准备金。《财政部 国家税务总局关于金融企业贷款损失准备金企业所得税税前扣除有关政策的通知》（财税〔2015〕9 号）第三条规定：“金融企业的委托贷款、代理贷款、国债投资、应收股利、上交央行准备金以及金融企业剥离的债权和股权、应收财政贴息、央行款项等不承担风险和损失的资产，不得提取贷款损失准备金在税前扣除。”

结 论

委托贷款的实质为企业向非金融机构贷款，其不超过按照金融企业同期同类贷款利率和关联企业债资比计算的部分可以税前扣除。

争议 41
支付给小额贷款公司的利息能否参照金融企业据实税前扣除

甲公司向某小额贷款公司贷款并支付利息，按照《企业所得税法实施条例》第三十八条“企业在生产经营活动中发生的下列利息支出，准予扣除：（一）非金融企业向金融企业借款的利息支出、金融企业的各项存款利息支出和同业拆借利息支出、企业经批准发行债券的利息支出”的规定据实税前扣除，是否允许？

▶▶ 正方：支付给小额贷款公司的利息可以参照金融企业据实税前扣除

首先，按照《国民经济行业分类》（GB/T 4754—2017），小额贷款公司服务属于金融业中的非货币银行服务，因此，小额贷款公司属于金融企业。

其次，《国家税务总局关于企业所得税核定征收若干问题的通知》（国税函〔2009〕377 号）第一条第四款规定：“银行、信用社、小额贷款公司、保险公司、证券公司、期货公司、信托投资公司、金融资产管理公司、融资租赁公司、担保公司、财务公司、典当公司等金融企业。”

说明国家税务总局认可小额贷款公司属于金融企业。

因此，甲公司支付给小额贷款公司的利息可以参照金融企业据实税前扣除。

▶▶ 反方：支付给小额贷款公司的利息不能参照金融企业据实税前扣除

首先，《银监会 人民银行关于小额贷款公司试点的指导意见》（银监发〔2008〕23 号）规定："申请设立小额贷款公司，应向省级政府主管部门提出正式申请，经批准后，到当地工商行政管理部门申请办理注册登记手续并领取营业执照。" 小额贷款公司没有金融许可证。

其次，《金融许可证管理办法》（中国银行业监督管理委员会令第 2 号）第三条规定："金融许可证适用于银监会监管的、经批准经营金融业务的金融机构。金融机构包括政策性银行、商业银行、金融资产管理公司、信用合作社、邮政储蓄机构、信托投资公司、企业集团财务公司、金融租赁公司和外资金融机构等。" 小额贷款公司没有金融许可证，不属于"银监会监管的、经批准经营金融业务的金融机构"。

因此，甲公司支付给小额贷款公司的利息应按照非金融企业，根据《企业所得税法实施条例》第三十八条规定，按照非金融企业向非金融企业借款的利息支出，不超过按照金融企业同期同类贷款利率计算的数额的部分准予扣除。

解　析

虽然按照统计口径小额贷款公司属于金融企业，但由于其没有金融许可证，不属于银监会认可的金融机构，因此，小额贷款公司不属于金融机构。

国家税务总局纳税服务司2012年9月24日答复："《财政部 国家税务总局关于金融企业贷款损失资金准备金企业所得税税前扣除政策有关问题的通知》(财税〔2012〕5号)、《国家税务总局关于金融企业贷款利息收入确认问题的公告》(国家税务总局公告〔2010〕第23号)和《国家税务总局关于延长金融企业涉农贷款和中小企业贷款损失准备金税前扣除政策执行期限的通知》(财税〔2011〕104号)三个文件均适用于金融企业，而小额贷款公司没有金融许可证，虽然从事贷款业务，但国家有关部门未按金融企业对其进行管理，因此，在没有新政策规定之前，不得执行上述三个文件。即小额贷款公司不得按财税〔2012〕5号文件和财税〔2011〕104号文件的规定，在税前扣除贷款损失准备金。也不得按照国家税务总局公告〔2010〕第23号公告的规定，将逾期90天的利息收入冲抵当期利息收入应纳税所得额。"[1] 这说明，国家税务总局不认可小额贷款公司属于金融企业。

《银监会 人民银行关于小额贷款公司试点的指导意见》(银监发〔2008〕23号)规定："小额贷款公司按照市场化原则进行经营，贷款利率上限放开，但不得超过司法部门规定的上限，下限为人民银行公布的贷款基准利率的0.9倍，具体浮动幅度按照市场原则自主确定。"因此，小额贷款公司的贷款利息可以超过金融企业同期同类贷款利率，这也说明了小额贷款公司不属于金融机构。

综上，甲公司支付给小额贷款公司的利息应按照不超过按照金融企业同期同类贷款利率计算扣除。

同时，按照《国家税务总局关于企业所得税若干问题的公告》(国

[1] http://www.chinatax.gov.cn/2013/n1586/n1899/n1901/c142427/content.html.

家税务总局公告 2011 年第 34 号）第一条规定执行，即："根据《实施条例》第三十八条规定，非金融企业向非金融企业借款的利息支出，不超过按照金融企业同期同类贷款利率计算的数额的部分，准予税前扣除。鉴于目前我国对金融企业利率要求的具体情况，企业在按照合同要求首次支付利息并进行税前扣除时，应提供'金融企业的同期同类贷款利率情况说明'，以证明其利息支出的合理性。'金融企业的同期同类贷款利率情况说明'中，应包括在签订该借款合同当时，本省任何一家金融企业提供同期同类贷款利率情况。该金融企业应为经政府有关部门批准成立的可以从事贷款业务的企业，包括银行、财务公司、信托公司等金融机构。'同期同类贷款利率'是指在贷款期限、贷款金额、贷款担保以及企业信誉等条件基本相同下，金融企业提供贷款的利率。既可以是金融企业公布的同期同类平均利率，也可以是金融企业对某些企业提供的实际贷款利率"。

同理，小额贷款公司也不能计算扣除损失准备金。

需要注意的是，2017 年 6 月发布的《财政部 税务总局关于小额贷款公司有关税收政策的通知》（财税〔2017〕48 号）第三条规定："自 2017 年 1 月 1 日至 2019 年 12 月 31 日，对经省级金融管理部门（金融办、局等）批准成立的小额贷款公司按年末贷款余额的 1% 计提的贷款损失准备金准予在企业所得税税前扣除。具体政策口径按照《财政部 国家税务总局关于金融企业贷款损失准备金企业所得税税前扣除有关政策的通知》（财税〔2015〕9 号）执行。"也就是说，自 2017 年 1 月 1 日至 2019 年 12 月 31 日，小额贷款公司也能比照金融企业税前扣除贷款损失准备金了。

结 论

企业支付给小额贷款公司的利息不能参照金融企业据实扣除，应按照非金融企业不超过按照金融企业同期同类贷款利率计算的利息支出扣除。

争议 42
企业将银行贷款无偿转借给其他企业，其支付的利息能否税前扣除

乙公司由于从银行贷不到款，故由母公司甲公司出面从银行贷款，然后无偿转贷给乙公司。甲公司从银行贷款 3 000 万元，利率 8%。甲公司支付银行的贷款利息 240 万元能否税前扣除？

▶▶ 正方：企业将银行贷款无偿转借给其他企业，其支付的利息可以税前扣除

《企业所得税法实施条例》第三十八条规定："企业在生产经营活动中发生的下列利息支出，准予扣除：（一）非金融企业向金融企业借款的利息支出、金融企业的各项存款利息支出和同业拆借利息支出、企业经批准发行债券的利息支出"，因此，甲公司支付银行的贷款利息 240 万元可以据实扣除。

▶▶ 反方：企业将银行贷款无偿转借给其他企业，其支付的利息不能税前扣除

《企业所得税法》第八条规定："企业实际发生的与取得收入有关的、合理的支出，包括成本、费用、税金、损失和其他支出，准予在计算应纳税所得额时扣除。"甲公司将银行贷款无偿转贷给乙公司，没有取得利息收入，其支付给银行的贷款利息不属于与取得收入有关的支出。

解　析

甲公司转贷乙公司 3 000 万元，不收取利息，但其需要支付银行利息 240 万元，因此属于与企业取得收入无关的支出。根据《企业所得税法》第八条规定，不能税前扣除。

但也有人认为，甲公司转贷乙公司 3 000 万元，使乙公司有了资金，可以从事生产经营，取得利润，进而向甲公司分配税后利润，甲公司取得收入（股息、红利是税法上的收入），因此，该利息是与取得收入相关的支出。

这种解释未免牵强，从无偿借款到分配税后利润，拐的弯太大，已经不是与取得收入直接相关的支出，不能税前扣除。

又有人认为，税法并未规定支出一定要取得收入，比如企业买了原材料、雇了工人、做了广告，但产品一件都没有卖出去，就不能税前扣除了吗？

前面讲过，根据《中华人民共和国企业所得税法实施条例释义及适用指南》对"与取得收入直接相关的支出"的解释，一是这类允许税前扣除的支出，应该是能给企业带来现实、实际的经济利益；二是这类允许税前扣除的支出，应该是能给企业带来可预期经济利益的流入。

“与取得收入直接相关的支出”的条件之一是能给企业带来可预期经济利益的流入。甲公司无偿借款给乙公司，就没打算收取利息，即根本没预期经济利益的流入。因此，甲公司支付给银行的利息不是与取得收入直接相关的支出。

再看合理性。企业在正常生产经营下，主观意识上都期望取得收入，并为此付出努力，但关联交易企业本身就没期望取得收入，即使从合理性的角度出发，根据《企业所得税法实施条例》第二十七条第二款规定：“企业所得税法第八条所称合理的支出，是指符合生产经营活动常规，应当计入当期损益或者有关资产成本的必要和正常的支出。”白借给别人钱，自己还要出利息，显然不符合企业的生产经营活动常规。

该案例有两种纳税调整方法，一是根据《企业所得税法》第八条规定，甲公司支付的利息不得税前扣除。二是根据《企业所得税法》第四十一条规定：“企业与其关联方之间的业务往来，不符合独立交易原则而减少企业或者其关联方应纳税收入或者所得额的，税务机关有权按照合理方法调整”，按照银行贷款利率调增甲公司利息收入 240 万元。由于特别纳税调整操作比较复杂，实务中多采用第一种方法。

若甲公司转变思路，向乙公司收取利息 20 万元，由于《企业所得税法》第八条并未规定企业取得的收入一定要大于支出，那么，是否只要取得了收入，其支出就属于与收入有关？税法不但规定了相关性，还规定了合理性，甲公司象征性地收取关联企业一点利息，自己仍要支付大部分利息，同样不符合企业的生产经营活动常规。因此，甲公司支付的利息 220 万元（240–20）不得税前扣除。

需要注意的是，企业将银行贷款挪作他用的行为本身就是违法的。

《贷款通则》（中国人民银行令1996年2号）第十九条规定：“借款人的义务：……三、应当按借款合同约定用途使用贷款”。《中华人民共和国合同法》第二百零三条规定：“借款人未按照约定的借款用途使用借款的，贷款人可以停止发放借款、提前收回借款或者解除合同。”因此，企业转贷是有风险的。

若企业以自有资金无偿借给关联企业使用，则只能按照特别纳税调整处理。但根据《特别纳税调查调整及相互协商程序管理办法》（国家税务总局公告2017年第6号）第三十八条规定，实际税负相同的境内关联方之间的交易，只要该交易没有直接或者间接导致国家总体税收收入的减少，原则上不作特别纳税调整。

结　论

企业将银行贷款无偿转借给其他企业，其支付给银行的利息不能税前扣除。

争议 43
不符合条件的混合性投资支付的利息能否税前扣除

某房地产企业 2015 年初接受某信托公司基金 5 亿元增资，信托公司取得了该企业 40% 的股权。增资协议约定，该企业每年按照 15% 的利率支付给信托公司固定利润；3 年后由该房地产企业的股东某房地产集团公司赎回这 40% 的股权；信托公司不参与房地产企业生产经营，没有表决权、选举权和被选举权，且不拥有房地产企业净资产的所有权。该房地产企业把对信托投资基金的分红作为利息支出进行了处理，并在企业所得税前进行了扣除。

根据企业的投资协议，该笔投资应属于混合性投资。经查，在赎回约定时，其约定的赎回企业为该房地产企业的股东集团公司，而不是由该房产企业赎回，不符合《国家税务总局关于企业混合性投资业务企业所得税处理问题的公告》（国家税务总局公告 2013 年第 41 号）要求的第二个条件“被投资企业需要赎回投资或偿还本金”。那么，该房地产企业的利息支出能否税前扣除？

▶▶ 正方：不符合条件的混合性投资利息支出可以税前扣除

该混合性投资不符合国家税务总局公告2013年第41号规定的条件，不适用该公告，其利息支出可以税前扣除。

▶▶ 反方：不符合条件的混合性投资利息支出不能税前扣除

该混合性投资不符合国家税务总局公告2013年第41号规定的条件，该笔投资利息支出不能在企业所得税前扣除。❶

解　析

国家税务总局公告2013年第41号第一条规定："企业混合性投资业务，是指兼具权益和债权双重特性的投资业务。同时符合下列条件的混合性投资业务，按本公告进行企业所得税处理：（一）被投资企业接受投资后，需要按投资合同或协议约定的利率定期支付利息（或定期支付保底利息、固定利润、固定股息，下同）；（二）有明确的投资期限或特定的投资条件，并在投资期满或者满足特定投资条件后，被投资企业需要赎回投资或偿还本金；（三）投资企业对被投资企业净资产不拥有所有权；（四）投资企业不具有选举权和被选举权；（五）投资企业不参与被投资企业日常生产经营活动。"

第二条规定："符合本公告第一条规定的混合性投资业务，按下列规定进行企业所得税处理：（一）对于被投资企业支付的利息，投资企

❶ 王小平，姜涛．信托投资基金利息支出需谨慎扣除[N]．中国税务报，2017-06-09（B4）．

业应于被投资企业应付利息的日期，确认收入的实现并计入当期应纳税所得额；被投资企业应于应付利息的日期，确认利息支出，并按税法和《国家税务总局关于企业所得税若干问题的公告》（2011 年第 34 号）第一条的规定，进行税前扣除。（二）对于被投资企业赎回的投资，投资双方应于赎回时将赎价与投资成本之间的差额确认为债务重组损益，分别计入当期应纳税所得额。”

虽然是混合性投资，但不能同时符合国家税务总局公告 2013 年第 41 号规定的五项条件时，企业支付的利息能否税前扣除？

从文件的表述来看，符合国家税务总局公告 2013 年第 41 号规定的混合性投资业务，被投资企业应确认利息支出税前扣除，那么，不符合该公告规定的混合性投资业务，被投资企业就不能确认利息支出税前扣除。同理，符合该公告规定的混合性投资业务，投资企业应于被投资企业应付利息的日期确认收入实现，那么，不符合该公告规定的混合性投资业务，投资企业就不应确认利息收入的实现，该企业收到的利息就不用交税了？

另一种理解是，国家税务总局公告 2013 年第 41 号第一条规定“同时符合下列条件的混合性投资业务，按本公告进行企业所得税处理”，所以，不同时符合所列条件的混合性投资业务，不按本公告进行企业所得税处理。混合性投资是名股实债，也可以按照“非金融企业向非金融企业借款的利息支出，不超过按照金融企业同期同类贷款利率计算的数额的部分”的规定税前扣除。

那么另一个问题来了，若不论是否符合混合性投资条件，企业支付的利息都可以税前扣除，那要国家税务总局公告 2013 年第 41 号何用？

国家税务总局公告 2013 年第 41 号规定的五项条件相当严格，其政策解读指出："近年来，随着我国金融工具交易和金融产品创新快速发展，出现了许多既具有传统业务特征，同时有别于传统业务的创新业务。现行企业所得税法就这些问题，没有清晰规定，各方存在理解和认识角度不同，出现各地政策执行口径不一。鉴于混合性投资业务作为企业一项创新投资业务，已被许多企业大量运用。尤其是信托公司，开展此类投资业务甚多。因此，迫切需要研究、制定相关税收政策为之配套。"为防止企业借金融创新避税，税法上制定了严格的限制条件。当不符合条件时，如果从宽处理，将导致重大政策漏洞，造成重大税收流失，因此应当从严把握。若混合性投资不符合国家税务总局公告2013年第41号规定的条件，被投资企业支付的利息由于没有借贷合同，不属于利息，不能税前扣除；投资企业取得的利息由于不是从被投资企业税后利润中分配得到，不属于股息、红利，应作为利息收入缴纳企业所得税。

结　论

建议从严把握。

争议 44
永续债利息能否税前扣除

某企业于 2015 年发行 10 亿元长期限含权中期票据（以下简称永续中票），2016 年付息日支付永续中票利息 4 450 万元。发行说明书规定，永续中票在发行人依照发行条款的约定赎回之前长期存续，并在发行人依据发行条款的约定赎回时到期。赎回权为发行人所有，投资者无赎回权。同时，发行说明书规定，发行人可自行选择递延支付利息。中期票据的本金和利息在破产清算时的清偿顺序等同于发行人其他待偿还债务融资工具。发行企业根据发行条款及其反映的经济实质，认为本期永续中期票据没有包括交付现金或其他金融资产给其他单位的合同义务，也没有包括在潜在不利条件下与其他单位交换金融资产或金融负债的义务，因此在会计上确认为权益工具，将永续中票募集资金及支付的利息在权益类科目中列示。[1]

该企业支付的利息能否税前扣除？

---

[1] 李频，孔令文．永续债利息支出能否税前扣除需要明确 [N]. 中国税务报，2017-09-15（B8）.

▶▶ 正方：永续债利息可以税前扣除

永续债具有债务的性质，其利息可以税前扣除。2013 年 12 月 13 日中国证监会发布的《中国证监会有关部门负责人就优先股试点答记者问》中指出，“与永续债相比，优先股投资者具有在一定条件下恢复表决权的权利，而永续债一般不具有这一特点；从破产清算时剩余财产的清偿顺序来看，永续债券的偿还顺序先于优先股；从发行人角度，支付的永续债利息可在税前扣除，而优先股股息不能在税前扣除。”

▶▶ 反方：永续债利息不能税前扣除

永续债在账务上作为权益类核算，没有计入利息支出，自然不能税前扣除。

解　析

永续债是近年来的新兴事物，按照 2013 年 12 月 13 日《中国证监会有关部门负责人就优先股试点答记者问》中给出的定义，永续债券（perpetual bond）是没有到期日的债券，一般由主权国家、大型企业发行，持有人不能要求清偿本金，但可以按期取得利息，是偏好超长期高回报的投资者青睐的投资工具。永续债特点体现在高票息、长久期、附加赎回条款并伴随利率调整条款。

永续债的会计处理主要依据 2014 年 6 月修订的《企业会计准则第 37 号——金融工具列报》和 2014 年 3 月发布的《金融负债与权益工具的区分及相关会计处理规定》（财会〔2014〕13 号），会计上将金融工具归类为金融资产、金融负债或权益工具。永续债到底是金融负债还是权益工具？通常而言，永续债不符合金融负债的定义，但满足金融工具计入权益的条件，永续债的发行方可以将其归类为权益工具。永续债兼有债券之名和权益之实。

《金融负债与权益工具的区分及相关会计处理规定》第六条第一款规定："对于归类为权益工具的金融工具，无论其名称中是否包含'债'，其利息支出或股利分配都应当作为发行企业的利润分配，其回购、注销等作为权益的变动处理；对于归类为金融负债的金融工具，无论其名称中是否包含'股'，其利息支出或股利分配原则上按照借款费用进行处理，其回购或赎回产生的利得或损失等计入当期损益。"

权益工具

若永续债被归类为权益工具，其利息支出作为发行企业的利润分配，从未分配利润中支付，不影响损益。

税法上对永续债没有规定，只规定发行债券、借款的利息支出符合条件的可以税前扣除。由永续债的发行方发行的债券，其支付的利息能否税前扣除？

《国家税务总局关于企业所得税应纳税所得额若干税务处理问题的公告》（国家税务总局公告 2012 年第 15 号）第八条规定："根据《企业所得税法》第二十一条规定，对企业依据财务会计制度规定，并实际在财务会计处理上已确认的支出，凡没有超过《企业所得税法》和有关税收法规规定的税前扣除范围和标准的，可按企业实际会计处理确认的支出，在企业所得税前扣除，计算其应纳税所得额。"由于该利息支出从未分配利润中支付，企业并没有在利润总额前减除利息支出，因此不能"凭空"税前扣除。

《国家税务总局关于发布〈中华人民共和国企业所得税年度纳税申报表（A类,2017年版）〉的公告》（国家税务总局公告2017年第54号）填报说明规定：“企业在计算应纳税所得额及应纳所得税时，企业会计处理与税收规定不一致的，应当按照税收规定计算。税收规定不明确的，在没有明确规定之前，暂按国家统一会计制度计算。”永续债属于“税收规定不明确的”，那么就应“暂按国家统一会计制度计算”，不能计算税前扣除利息。

金融负债

如果发行方将永续中票认定为金融负债，且在会计上作为应付债券核算，其支付的利息能否税前扣除？由于永续债可不定期支付利息，且无明确的投资期限，是否赎回取决于发行企业，不符合《国家税务总局关于企业混合性投资业务企业所得税处理问题的公告》（国家税务总局公告2013年第41号）第一条规定的混合性投资条件，不适用混合性投资政策，其支付的利息不能税前扣除。

结　论

若永续债被归类为权益工具，其利息支出作为发行企业的利润分配，不能税前扣除；若永续债被归类为金融负债且不符合国家税务总局公告2013年第41号规定的混合性投资条件，其支付的利息不能税前扣除。

争议 45
如何理解手续费及佣金支出的范围

甲公司委托乙公司销售商品 200 件，合同约定乙公司应按每件 100 元对外销售，甲公司按售价的 10% 向乙公司支付手续费。乙公司将商品全部售罄后，甲公司收到货款并支付手续费 2 000 元。该手续费能否税前扣除？

▶▶ 观点一：该手续费可以据实税前扣除，不受财税〔2009〕29 号文件限制

该代销手续费并非《财政部 国家税务总局关于企业手续费及佣金支出税前扣除政策的通知》（财税〔2009〕29 号）规定的手续费及佣金，可以据实税前扣除。

▶▶ 观点二：该手续费不能据实税前扣除，需要按照财税〔2009〕29 号文件规定将应纳税额调增 5%

财税〔2009〕29 号文件第一条第二款规定："其他企业：按与具有合法经营资格中介服务机构或个人（不含交易双方及其雇员、代理人和代表人等）所签订服务协议或合同确认的收入金额的5%计算限额。”甲公司按合同金额的10%支付手续费，应当将应纳税额调增5%。

▶▶ **观点三：该手续费不能税前扣除**

财税〔2009〕29号文件第二条规定：“企业应与具有合法经营资格中介服务企业或个人签订代办协议或合同，并按国家有关规定支付手续费及佣金。”乙公司不是具有合法经营资格中介服务企业，甲公司支出的手续费不能税前扣除。

解　析

该争议的焦点在于财税〔2009〕29号文件没有规定“手续费及佣金支出”的范围，是只要名称为“手续费”或者“佣金”的都适用财税〔2009〕29号文件，还是只有支付给保险中介、房地产中介、证券中介等具有合法经营资格中介服务企业的手续费及佣金支出才能适用财税〔2009〕29号文件?

从财税〔2009〕29号文件第二条来看，似乎该文件的适用范围是企业“与具有合法经营资格中介服务企业或个人”的交易往来，那么第二个问题就来了：若对方不是“具有合法经营资格中介服务企业或个人”，企业支付的手续费及佣金支出是据实税前扣除、限额扣除，还是不得扣除？笔者的观点如下：

首先，不应不允许税前扣除。如本例中的委托代销是企业间常见的经济活动，法律并未禁止，其支付的手续费也与企业取得收入有关、合理，应允许税前扣除。

其次，能否据实税前扣除。财税〔2009〕29号文件规定的是“具有合法经营资格中介服务企业或个人”，若中介服务企业或个人不具有合法经营资格，则手续费及佣金支出不能税前扣除。但若对方根本就不是中介服务企业或个人，也要求限额扣除，相当于将“具有合法经营资格中介服务企业或个人”扩大解释为“有权从事中介服务的企业或个人”，而基层税务机关无权对国家税务总局文件做扩大性解释，基于这个理由，支付给非中介服务企业或个人的手续费及佣金，不适用财税〔2009〕29号文件，可以据实扣除。

但该理由也存在瑕疵，即财税〔2009〕29号文件的适用范围是仅为企业支付给“具有合法经营资格中介服务企业或个人”的手续费及佣金，还是特指支付给“中介服务企业或个人，但不排除非中介服务企业或个人”的手续费及佣金？财税〔2009〕29号文件第一条规定：“企业发生与生产经营有关的手续费及佣金支出，不超过以下规定计算限额以内的部分，准予扣除；超过部分，不得扣除。”似乎无论是中介服务企业或个人，还是非中介服务企业或个人，都适用财税〔2009〕29号文件。

我们可以从电信企业手续费及佣金支出税前扣除规定中一窥端倪。《国家税务总局关于企业所得税应纳税所得额若干税务处理问题的公告》（国家税务总局公告2012年第15号）第四条规定：“电信企业在发展客户、拓展业务等过程中（如委托销售电话入网卡、电话充值卡等），需向经纪人、代办商支付手续费及佣金的，其实际发生的相关手续费及佣金支出，不超过企业当年收入总额5%的部分，准予在企业所得税前据实扣除。”《国家税务总局关于电信企业手续费及佣金支出税前扣除问题的公告》（国家税务总局公告2013年第59号）规定：“国家税务总局公告2012年第15号第四条所称电信企业手续费及佣金支出，仅限于电信企业在发展客户、拓展业务等过程中因委托销售电话入网卡、电话充值卡所发生的手续费及佣金支出。”

国家税务总局公告2012年第15号政策解读对此解释道：“经纪人、代办商代电信企业销售电话入网卡、电话充值卡等，不是提供居间服务或咨询服务，而是直接向电信企业提供销售劳务，因此，电信企业向经纪人、代办商支付的手续费及佣金，属于劳务费支出，根据企业所得税税前扣除原则，应当准予据实扣除。但是考虑到已销售的电话入网卡、电话充值卡等在当期是否形成收入具有不确定性，为了防止税收政策漏洞，作适当限制是必要的。”国家税务总局公告2013年第59号政策解读对此解释道：“对电信企业提供售后服务、增值服务以及其他日常服务等，属于提供销售劳务，不属于提供中介服务，相应地，电信企业为此支付的手续费及佣金，也不属于《财政部 国家税务总局关于企业手续费及佣金支出税前扣除政策的通知》（财税〔2009〕29号）所指的手续费及佣金支出范畴。”

从上述规定中我们可以看出，非提供中介服务支付的手续费及佣金属于劳务费支出，准予据实扣除，不受财税〔2009〕29号文件限制，但其支付的手续费及佣金应符合独立交易原则。

结　论

企业支付给非提供中介服务的中介机构或个人的手续费及佣金，符合独立交易原则的，可以据实税前扣除。

争议 46
企业为雇员负担的个税能否税前扣除

甲公司高薪聘用了一位高水平科研人员领导研发，为留住人才，承诺为该科研人员支付税后工资，个税由甲公司负担。那么，甲公司承担的个税能否税前扣除？

▶▶ 正方：企业为雇员负担的个税可以税前扣除

《国家税务总局关于雇主为雇员承担全年一次性奖金部分税款有关个人所得税计算方法问题的公告》（国家税务总局公告 2011 年第 28 号）第四条规定："雇主为雇员负担的个人所得税款，应属于个人工资薪金的一部分。凡单独作为企业管理费列支的，在计算企业所得税时不得税前扣除。"因此，企业为雇员负担的个税，属于个人工资薪金一部分的，可以税前扣除。

▶▶ 反方：企业为雇员负担的个税不能税前扣除

根据国家税务总局公告 2011 年第 28 号第四条的规定，企业为雇员负担的个税不能税前扣除。

解　析

一般认为，企业为雇员负担的个税不能税前扣除。但符合条件的，也可以税前扣除。

根据国家税务总局公告 2011 年第 28 号第四条的规定，企业为雇员负担的个税，应区分两种情况。

例如：企业与某员工约定月薪为税后 4 000 元，则企业须每月为该员工承担个人所得税 15.46 元。

（1）处理方式一：企业承担的个人所得税可以作为工资薪金在税前扣除。

借：应付职工薪酬　　4 015.46
　贷：银行存款　　4 000
　　应交税费——应交个人所得税　　15.46
借：管理费用　　4 015.46
　贷：应付职工薪酬　　4 015.46

（2）处理方式二：企业承担的个人所得税不能税前扣除，应进行纳税调增。

借：应付职工薪酬　　4 000
　贷：银行存款　　4 000
借：管理费用　　15.46
　贷：应交税费——应交个人所得税　　15.46
借：管理费用　　4 000
　贷：应付职工薪酬　　4 000

虽然两种处理方式殊途同归，最终管理费用都是 4 015.46 元，但将企业负担的个税计入应付职工薪酬与计入管理费用性质是不同的，前者作为薪酬的一部分，后者作为企业的费用，因此不能税前扣除。

需要说明的是，很多财税问答引用了《国家税务总局关于纳税人取得不含税全年一次性奖金收入计征个人所得税问题的批复》(国税函〔2005〕715）第三条规定：“根据企业所得税和个人所得税的现行规定，企业所得税的纳税人、个人独资和合伙企业、个体工商户为个人支付的个人所得税款，不得在所得税前扣除。”企业负担的个税不管是属于个人工资薪金的一部分，还是单独作为企业管理费列支，一律不得税前扣除。该文件仍然有效，但是，当时的“企业所得税现行规定”是《中华人民共和国企业所得税暂行条例》，2008年起实施的《企业所得税法》废止了《中华人民共和国企业所得税暂行条例》，因此，该条款关于企业所得税的政策应无效。

结 论

企业为雇员负担的个人所得税款，单独作为企业管理费列支的，不得税前扣除；属于个人工资薪金一部分的，可以税前扣除。

争议 47
企业为非雇员负担的个税能否税前扣除

甲公司是一家商业企业，请某明星做宣传，支付税后劳务费，个人所得税由甲公司承担。

甲公司请某大学教授为中层管理人员授课，支付税后讲课费，个人所得税由甲公司承担。

甲公司举办购物抽奖活动，按照《财政部 国家税务总局关于企业促销展业赠送礼品有关个人所得税问题的通知》（财税〔2011〕50号）第二条“企业向个人赠送礼品，属于下列情形之一的，取得该项所得的个人应依法缴纳个人所得税，税款由赠送礼品的企业代扣代缴：1. 企业在业务宣传、广告等活动中，随机向本单位以外的个人赠送礼品，对个人取得的礼品所得，按照‘其他所得’项目，全额适用20%的税率缴纳个人所得税”的规定，奖品应缴纳的个人所得税由甲公司承担。

▶▶ 正方：企业为非雇员负担的个税可以税前扣除

企业为非雇员负担的个税属于与企业取得收入有关的支出，作为劳务费的一部分，可以税前扣除。

▶▶ 反方：企业为非雇员负担的个税不能税前扣除

非雇员的个税无论是由其本人负担还是由企业负担，都不能改变企业是扣缴义务人的性质，真正的纳税人是非雇员本人，因此企业不能税前扣除。

解　析

国家税务总局公告2011年第28号第四条规定的是“雇主为雇员负担的个人所得税款”的情况，雇主为非雇员负担个人所得税款的情况不在其内。个税的纳税人为个人，企业只是扣缴义务人，税收负担应由纳税人承担，企业自愿负担了应由纳税人承担的税款，是一种市场行为，并不违法。

目前，很多人认为不能税前扣除，因为个税的纳税人是个人，企业是扣缴义务人，虽然法律没有禁止扣缴义务人承担税款，但这并不改变纳税人是个人的事实。企业不是个税的纳税人，因此不能税前扣除。

笔者认为此问题尚存争议。按照《企业所得税法》第八条规定：“企业实际发生的与取得收入有关的、合理的支出，包括成本、费用、税金、损失和其他支出，准予在计算应纳税所得额时扣除。”企业负担的明星个税、教授个税、奖品个税也是与取得收入有关的支出；纳税是纳税人应尽的义务，但并未禁止将这种义务转嫁给他人，这是一种市场行为，并不违法，也是合理的。因此，符合税前扣除原则，不让其扣除政策依据不足。

需要注意的是，与企业负担雇员个税的处理一样，也要区分企业将负担的个税计在何处。企业为非雇员负担的个人所得税款，应属于劳务费的一部分，凡单独作为企业管理费列支的，在计算企业所得税时不得税前扣除。

结　论

企业为非雇员负担的个人所得税款，是否可以比照雇员政策处理，建议咨询主管税务机关。

争议 48
境内居民企业负担的预提税能否税前扣除

甲公司与境外一公司签订特许权使用合同，甲公司需支付境外公司特许权使用费 100 万元，合同约定，税款由甲公司负担。甲公司负担的预提税 10.48 万元 [（100 ÷ 1.06）/（1–10%）× 10%] 能否税前扣除?

▶▶ 正方：境内居民企业负担的预提税可以税前扣除

境内居民企业负担的预提税属于与企业取得收入有关的支出，可以税前扣除。

▶▶ 反方：境内居民企业负担的预提税不能税前扣除

非居民企业的预提税无论是由非居民企业负担还是由境内居民企业负担，都不能改变境内居民企业是扣缴义务人的性质，真正的纳税人是非居民企业，因此境内居民企业不能税前扣除。

解　析

一般情况下，我国居民企业与境外非居民企业发生业务往来并向境外支付款项，符合税法规定的，应代扣代缴企业所得税，即税款由非居民企业（以下简称外方）负担，外方得到扣除税款之后的款项。

在实践中，中外双方也可以签订包税合同，即税款由支付的居民企业（以下简称企业）负担，外方得到全款的合同。《国家税务总局关于非居民企业所得税源泉扣缴有关问题的公告》（国家税务总局公告 2017 年第 37 号）第六条规定："扣缴义务人与非居民企业签订与企业所得税法第三条第三款规定的所得有关的业务合同时，凡合同中约定由扣缴义务人实际承担应纳税款的，应将非居民企业取得的不含税所得换算为含税所得计算并解缴应扣税款。"

包税合同与个税有异曲同工之处，纳税人是境外非居民企业，境内居民企业是扣缴义务人，因此，境内居民企业不能税前扣除。但是，如上所述，其也属于与取得收入有关的支出，似乎应允许扣除。

《国家税务总局办公厅关于沃尔玛（中国）投资有限公司有关涉税诉求问题的函》（国税办函〔2010〕615 号）第二条规定："《中华人民共和国企业所得税法》第三十七条规定，对于非居民企业取得本法第三条第三款规定的所得应缴纳的所得税，实行源泉扣缴，以支付人为扣缴义务人。如果合同约定非居民企业取得所得应纳中国税金由中国企业承担，且非居民企业出具收款发票的注明金额为包含代扣代缴税金的总金额，原则上应允许计算企业所得税税前扣除，但主管税务机关应根据有关规定审核该项支付的真实性与合理性。"

从该批复来看，国家税务总局允许境内居民企业负担的预提税税前扣除。但需要注意的是，一是该批复是针对沃尔玛（中国）投资有限公司的，其他企业不能适用；二是即使是沃尔玛，国家税务总局的用词也是"原则上"，非常谨慎。

其实，境内居民企业负担的预提税不能税前扣除的依据很简单。《企业所得税法》第十条规定："在计算应纳税所得额时，下列支出不得扣除：……（二）企业所得税税款。"企业所得税法上并没有预提所得税这个称谓，它是我们对非居民企业取得税法第三条第三款规定的所得应缴纳的所得税的简称，可以说，预提所得税就是企业所得税，因此不能在税前扣除。

结　论

境内居民企业负担的预提税不能税前扣除。

争议 49
企业代他人支付的费用能否税前扣除

某证券公司促销，在一定期间内开户，免收开户手续费。根据中国证监会规定，开户手续费中有一部分要上缴证监会，这部分费用由证券公司自己承担。证券公司代他人承担的开户费能否税前扣除？

某汽车品牌促销，购车人贷款免利息，即购车人向银行贷款购车，由车企支付利息。车企代他人承担的贷款利息能否税前扣除？

▶▶ 正方：企业代他人支付的费用可以税前扣除

企业代他人支付的费用，如果与企业取得收入有关，则可以税前扣除。

▶▶ 反方：企业代他人支付的费用不能税前扣除

企业代他人支付的费用，不属于本企业的支出，不能税前扣除。

解 析

此案例与企业负担非雇员个税有异曲同工之处。一般认为，企业代他人承担的费用不能税前扣除，但实务中，很多企业为了促销，承担了本应由购买方支付的费用。《企业所得税法》第八条规定："企业实际发生的与取得收入有关的、合理的支出，包括成本、费用、税金、损失和其他支出，准予在计算应纳税所得额时扣除。"税前扣除的原则是相关性和合理性，并非规定代他人支付的费用不能税前扣除，若该费用属于与取得收入有关的、合理的支出，就可以税前扣除。证券公司为了吸引股民开户，承担了本应由股民支付的开户费，股民开户后，证券公司取得收入，因此，该被证券公司承担的开户费属于与取得收入有关的支出，可以作为业务宣传费税前扣除。车企为了吸引消费者买车，承担了本应由购车人支付的贷款利息，购车人买车后，车企取得收入，因此，该被车企承担的贷款利息属于与取得收入有关的支出，可以作为业务宣传费税前扣除。

企业代他人支付的费用能否税前扣除的关键在于：首先，看是否与其取得收入有关，如代关联企业支付贷款利息，就属于与取得收入无关的支出，不能税前扣除；其次，看是否与其取得收入直接相关，如代其他企业支付贷款利息以保持一种良好的关系，为日后合作打下基础，看似与其取得收入有关，但不是直接相关，也不能税前扣除。

结　论

很多企业为了促销，承担了本应由购买方支付的费用，属于与取得收入有关的支出，可以作为业务宣传费税前扣除。但若代他人承担了与取得收入无关的支出，则不能税前扣除。

争议 50
企业负担的外单位人员费用能否税前扣除

甲公司聘请高校专家指导研发，为专家报销差旅费，该差旅费能否税前扣除？

▶▶ 正方：企业负担的外单位人员费用可以税前扣除

福建国税局《12366 热点和难点问题集（2016 年 10 月）》第 48 问有这样的内容：

“问：我公司时常会请外部专家到公司指导或培训，专家的住宿用餐交通费用由我公司承担，邀请专家的相关费用支出可以作为我公司的差旅费入账并税前扣除吗？

答：一、根据《中华人民共和国企业所得税法》（中华人民共和国主席令第 63 号）第八条规定：‘企业实际发生的与取得收入有关的、合理的支出，包括成本、费用、税金、损失和其他支出，准予在计算应纳税所得额时扣除。’

二、根据《国家税务总局关于进一步加强普通发票管理工作的通知》（国税发〔2008〕80 号）第八条第二款规定：‘落实管理和处罚规定。

在日常检查中发现纳税人使用不符合规定发票特别是没有填开付款方全称的发票，不得允许纳税人用于税前扣除、抵扣税款、出口退税和财务报销。'

因此，纳税人如果在合同中有明确约定，并且可以取得你公司抬头的发票则可以按照企业所得税的规定进行税前扣除。”

▶▶ 反方：企业负担的外单位人员费用不能税前扣除

《宁波市国税局 2014 年度企业所得税汇算清缴政策问题解答》第 15 问有这样的内容：

“问：某企业于 2014 年初与某律师事务所签订合同，聘请该律师事务所担任企业 2014 年度法律顾问。律师事务所根据企业业务需要发生的异地办案差旅费用（如交通费、住宿费等）9 万元，根据合同约定由委托企业承担并计入企业差旅费支出。差旅费支出是否属于企业与取得收入无关的支出或是否税前扣除？

答：律师异地办案差旅费用属于律师事务所正常经营费用支出，可以计入其当期费用项目税前扣除，但是委托企业不得税前扣除该差旅费支出。”

解　析

一般认为，企业只有为本其他员工支付的费用才能税前扣除，为非本企业员工支付的费用不能税前扣除。但应首先判断该非本企业员工支出的费用是否是为本企业工作而支出，是否与企业取得收入有关、合理。若是为本企业工作而支出，且与企业取得收入有关、合理，也可以税前扣除。如企业为前来讲课的专家、为本企业办案的律师、为本企业做审计的审计师等报销差旅费、餐费，则属于与企业取得收入有关、合理的支出，可以税前扣除。

结　论

企业负担的与本企业生产经营有关的外部人员的交通、食宿等费用，可以税前扣除。若具有招待性质，应计入业务招待费。

争议 51
发放防雾霾口罩的支出是否属于劳动保护支出

甲公司给全体员工发放防雾霾口罩，其支出是计入职工福利费，还是劳动保护支出？

▶▶ 正方：发放防雾霾口罩的支出属于劳动保护支出

发放防雾霾口罩是为了保护员工身体健康，其支出属于劳动保护支出。

▶▶ 反方：发放防雾霾口罩的支出不一定属于劳动保护支出

为室外工作员工发放防雾霾口罩的支出属于劳动保护支出，为其他员工发放防雾霾口罩的支出属于职工福利费。

解　析

该争议的焦点在于如何理解劳动保护支出。

《企业所得税法实施条例》第四十八条规定：“企业发生的合理的劳动保护支出，准予扣除。”

《中华人民共和国企业所得税法实施条例释义及适用指南》对此解释道："本条规定的劳动保护支出，仍然需要满足以下条件，一是必须是确因工作需要，如果企业所发生的所谓的支出，并非出于工作的需要，那么其支出就不得予以扣除；二是为其雇员配备或提供，而不是给其他与其没有任何劳动关系的人配备或提供；三是限于工作服、手套、安全保护用品、防暑降温品等，如高温冶炼企业职工、道路施工企业的防暑降温品，采煤工人的手套、头盔等用品。"

根据《国家经贸委关于印发〈劳动防护用品配备标准（试行）〉的通知》（国经贸安全〔2000〕189 号）的规定，劳动防护用品包括安全帽、呼吸护具、眼防护具、听力护具、防护鞋、防护手套、防护服、护肤用品等。

甲公司发放防雾霾口罩，若确因工作需要，必须戴防雾霾口罩，就属于劳动保护支出，否则应作为职工福利费，在规定限额内税前扣除。

企业发放给全体员工的洗发水、沐浴液、牙膏、香皂等用品，虽名为劳保用品，但由于并非出于工作需要，又不符合劳动保护用品要求，故其支出不应作为劳动保护支出，而应作为职工福利费，在规定限额内税前扣除。

结 论

劳动保护支出，应是企业为其雇员配备的、出于工作需要的劳动防护用品所对应的支出。

争议 52
参保雇主责任险的支出能否税前扣除

企业参保雇主责任险的支出，能否税前扣除？

▶▶ 正方：参保雇主责任险的支出可以税前扣除

《企业所得税法实施条例》第四十六条规定："企业参加财产保险，按照规定缴纳的保险费，准予扣除。"雇主责任险属于财产保险的范畴，按照规定缴纳的保险费，应当准予扣除。[1]

▶▶ 反方：参保雇主责任险的支出不能税前扣除

《企业所得税法实施条例》第三十六条规定："除企业依照国家有关规定为特殊工种职工支付的人身安全保险费和国务院财政、税务主管部门规定可以扣除的其他商业保险费外，企业为投资者或者职工支付的商业保险费，不得扣除。"雇主责任险非法律强制性规定必须购买的商业保险，也不属于国务院财政、税务主管部门规定可以扣除的其他商业保

❶ 陈佳军．雇主责任险保费能否税前列支 [N]. 中国税务报，2011-12-12（7）.

险费范围，因此，该企业不能将购买雇主责任险所发生的费用在企业所得税税前扣除。[1]

解 析

雇主责任险是以企业对其所雇用的员工在受雇期间从事相关工作时，因意外事故或患职业病导致伤残、死亡或其他损失的赔偿责任为保险标的的保险。其支出能否税前扣除有争议。有观点认为其属于财产保险，是企业为自己购买的财产保险，因此可以税前扣除。也有观点认为，企业购买的雇主责任险，虽然保险公司不直接将理赔款支付给员工个人，但其属于企业自愿为其职工投保的人身安全保险而发生的保险费支出，而非法律强制性规定必须购买的商业保险，因此不能税前扣除。

有的税务机关对此做出了不能税前扣除的规定。如《河北省国家税务局关于印发〈企业所得税若干政策问题解答〉的通知》（冀国税函〔2013〕161号）第九条规定："根据《企业所得税法实施条例》第三十六条规定，除企业依照国家有关规定为特殊工种职工支付的人身安全保险费和国务院财政、税务主管部门规定可以扣除的其他商业保险费外，企业为投资者或者职工支付的商业保险费，不得扣除。雇主责任险虽非直接支付给员工，但是属于为被保险人雇用的员工在受雇的过程中，从事与被保险人经营业务有关的工作而受意外，或与业务有关的国家规定的职业性疾病所致伤、致残或死亡负责赔偿的一种保险，因此该险种应属于商业保险，不能在税前扣除。公众责任险与雇主责任险具有

[1] 陈乐乐，徐楚瑜．雇主责任险不能税前扣除 [N]. 中国税务报，2011-04-25（11）.

相同性质，属于商业保险，不能在税前扣除。”

雇主责任险虽非直接支付给员工，但属于为被保险人雇用的员工在受雇过程中，从事与被保险人经营业务有关的工作而受意外，或与业务有关的国家规定的职业性疾病所致伤、致残或死亡负责赔偿的一种保险，该险种属于商业保险，因此其支出不能税前扣除。

结 论

企业购买雇主责任险的支出不能税前扣除。

争议 53
企业作为责任人向第三方支付的赔偿款能否税前扣除

甲公司的售货员在工作时与顾客发生争执，将对方打伤，甲公司作为责任人，赔偿了被打者 6 万元；乙公司的保安在执勤时与他人发生冲突，将对方打伤，乙公司作为责任人，赔偿了被打者 8 万元。这些赔偿款能否税前扣除？

▶▶ 正方：企业作为责任人向第三方支付的赔偿款可以税前扣除

企业作为责任人向第三方支付赔偿款是法定义务，可以税前扣除。

▶▶ 反方：企业作为责任人向第三方支付的赔偿款不能税前扣除

打人是员工、保安的个人行为，与企业无关，企业支付的赔偿款不能税前扣除。

解　析

《中华人民共和国侵权责任法》第三十四条规定："用人单位的工作

人员因执行工作任务造成他人损害的，由用人单位承担侵权责任。劳务派遣期间，被派遣的工作人员因执行工作任务造成他人损害的，由接受劳务派遣的用工单位承担侵权责任；劳务派遣单位有过错的，承担相应的补充责任。”因此，企业承担侵权责任是法定义务，其支出可以税前扣除。

需要注意的是，若员工、保安不是因执行工作任务造成他人损害，用人单位不承担侵权责任，但单位出于人道主义，也对受害者进行了赔偿，对于此类支出，笔者认为不能税前扣除。

结　论

企业因承担侵权责任支付的赔偿款，可以税前扣除。

争议 54
企业向其他政府部门缴纳的滞纳金能否税前扣除

甲房地产企业投标了一块土地用于盖房，但未按规定时间缴纳土地出让金，被国土局加收滞纳金；又因为未按规定时间缴纳社保金，被社保局加收滞纳金。这些滞纳金能否税前扣除?

▶▶ 正方：企业向其他政府部门缴纳的滞纳金可以税前扣除

税法只规定了税收滞纳金不能税前扣除，其他滞纳金可以税前扣除。

▶▶ 反方：企业向其他政府部门缴纳的滞纳金不能税前扣除

其他政府部门的滞纳金具有罚款性质，不能税前扣除。

解　析

除税务机关外，其他政府部门也会加收滞纳金。如关于土地款滞纳金，《北京市关于调整土地出让合同地价款滞纳金标准的通知》（京国土房管出字〔2001〕62 号）第一条规定：“土地出让合同的受让方应严格按照土地出让合同约定的付款期限向出让方支付地价款。逾期支付地价款的，应按合同规定支付滞纳金。”关于社保滞纳金，《中华人民共和国社会保险法》第八十六条规定：“用人单位未按时足额缴纳社会保险费的，由社会保险费征收机构责令限期缴纳或者补足，并自欠缴之日起，按日加收万分之五的滞纳金；逾期仍不缴纳的，由有关行政部门处欠缴数额一倍以上三倍以下的罚款。”

《企业所得税法》第十条规定：“在计算应纳税所得额时，下列支出不得扣除：……（三）税收滞纳金；”上述其他政府部门的滞纳金不是税收滞纳金，可以税前扣除。

有人认为，根据《企业所得税法》第十条规定：“在计算应纳税所得额时，下列支出不得扣除：……（四）罚金、罚款和被没收财物的损失”，滞纳金具有罚款性质，不能税前扣除。但是，滞纳金虽具有罚款性质，终究不是罚款，罚款是一种单独的行政处罚，滞纳金不能等同于罚款。

结　论

企业向其他政府部门缴纳的滞纳金可以税前扣除。

争议 55
房地产开发企业预提费用不超过合同总金额的10%，此处的“合同”是指总合同还是分合同

甲房地产开发公司某项目有两个出包合同，一个合同为600万元，另外一个合同为400万元，其中600万元的合同已经取得全额发票，400万元的合同未取得发票。根据《国家税务总局关于印发〈房地产开发经营业务企业所得税处理办法〉的通知》(国税发〔2009〕31号）第三十二条第一款规定：“出包工程未最终办理结算而未取得全额发票的，在证明资料充分的前提下，其发票不足金额可以预提，但最高不得超过合同总金额的10%。”甲公司可以预提的金额是按照总合同计算还是按照分合同计算？

▶▶ 正方：预提金额应按照总合同计算

房地产开发企业预提的金额按照出包工程总合同计算，即甲公司可预提的金额为：1 000×10%=100（万元），可税前扣除的成本为700万元（600+100）。

▶▶ **反方：预提金额应按照分合同计算**

房地产开发企业预提的金额按照未取得全额发票的出包工程合同计算，即甲公司可预提的金额为 40 万元（400 × 10%），可税前扣除的成本为 640 万元（600+40）。

解　析

该争议的焦点在于，“合同总金额”是出包工程总合同的金额，还是未取得全额发票的各个合同的总金额。

有观点认为，既然有的合同已经全额取得发票了，就不应再预提，只对未取得全额发票的合同预提。但是，房地产开发企业开发的项目是一个整体，虽然整体开发项目可能涉及多个发包合同，但其对于开发产品的成本影响是整体考虑的。另外，从政策表述上看，“出包工程未最终办理结算而未取得全额发票的”应理解为整个出包工程，而不是“未最终办理结算而未取得全额发票的出包工程”。

《青岛市国家税务局关于 2010 年度企业所得税汇算清缴若干问题的公告》（青岛市国家税务局公告 2011 年第 1 号）中指出：“问：房地产企业完工年度未取得全额发票的，允许按照合同额的 10% 预提，这里的合同额按照分合同计算，还是总合同计算。答：根据国税发〔2009〕31 号文件第三十二条规定，应按照合同总金额计算。”即甲公司可税前扣除的成本为 700 万元。

结　论

房地产开发企业预提费用中的合同总金额是指总合同金额。

争议 56
国土资源部修文后，土地闲置费能否税前扣除

甲房地产公司由于未动工开发国有建设用地，向国土资源部门缴纳了土地闲置费，该土地闲置费能否税前扣除？

▶▶ 正方：土地闲置费可以税前扣除

《国家税务总局关于印发〈房地产开发经营业务企业所得税处理办法〉的通知》（国税发〔2009〕31 号）第二十七条规定，土地闲置费属于土地征用费及拆迁补偿费范围，计入开发产品计税成本。

▶▶ 反方：土地闲置费不能税前扣除

《闲置土地处置办法》（国土资源部令第 53 号）规定，“土地闲置费不得列入生产成本”，该部门规章自 2012 年 7 月 1 日起执行。因此，2012 年 7 月 1 日起，企业缴纳的土地闲置费不得在税前扣除。

解　析

国有建设用地使用权人超过国有建设用地使用权有偿使用合同或者

划拨决定书约定、规定的动工开发日期满一年未动工开发的国有建设用地，为闲置土地，对闲置土地按照土地出让或者划拨价款的百分之二十征缴土地闲置费。

土地闲置费，无论会计上还是税法上都计入房地产开发成本。在会计上，2013 年 8 月 16 日出台，2014 年 1 月 1 日起施行的《企业产品成本核算制度（试行）》（财会〔2013〕17 号）第二十六条规定，土地闲置费属于土地征用及拆迁补偿费，计入成本。在税收上，2009 年 3 月 6 日出台，2008 年 1 月 1 日执行的国税发〔2009〕31 号文件第二十七条规定，土地闲置费属于土地征用费及拆迁补偿费范围，计入开发产品计税成本。

但是，国土资源部 2012 年 5 月 22 日修订通过，2012 年 7 月 1 日起施行的《闲置土地处置办法》第十四条第一款规定："土地闲置费不得列入生产成本"。

因此一些解读认为，2012 年 7 月 1 日后，土地闲置费不得税前扣除。

这是不对的。首先，企业会计核算按照财政部有关规定处理，且《企业产品成本核算制度（试行）》发布的时间晚于《闲置土地处置办法》，说明财政部仍然认可将土地闲置费计入房地产开发成本。

其次，即使企业按照行业主管部门——国土资源部的规定，也可以计入支出。《闲置土地处置办法》只是规定了土地闲置费不得列入生产成本，并未规定土地闲置费不得作为支出减少利润，企业可以将土地闲置费计入营业外支出，在利润前扣除。

若按照《闲置土地处置办法》，反倒对房地产开发企业更加有利。生产成本只有在办妥开发产品移交手续后才能在利润前扣除，而费用和营业外支出可在当期扣除，相当于企业把土地闲置费提前扣除，若照此纳税，对企业是有利的。

若企业将土地闲置费计入开发成本，则不存在税会差异；若企业将土地闲置费计入营业外支出，税务机关是否允许其在当期税前扣除？

《企业所得税法》第二十一条规定："在计算应纳税所得额时，企业财务、会计处理办法与税收法律、行政法规的规定不一致的，应当依照税收法律、行政法规的规定计算。"因此，关于土地闲置费，应按照国税发〔2009〕31号文件的要求，计入开发产品计税成本，在竣工时才能税前扣除，不能在当期税前扣除。

需要注意的是，在土地增值税上，《国家税务总局关于土地增值税清算有关问题的通知》（国税函〔2010〕220号）第四条规定："房地产开发企业逾期开发缴纳的土地闲置费不得扣除。"

结　论

土地闲置费应按照国税发〔2009〕31号文件要求税前扣除。

争议 57
未超过扣除限额的支出能否调减

甲银行 2017 年计提的贷款损失准备金为 8 000 万元，按照财税〔2015〕9 号文件公式计算的贷款损失准备金为 10 000 万元，甲银行能否调减 2 000 万元？

▶▶ 正方：支出未超过扣除限额可以调减

《财政部 国家税务总局关于金融企业贷款损失准备金企业所得税税前扣除有关政策的通知》(财税〔2015〕9 号)第二条规定："准予当年税前扣除的贷款损失准备金＝本年末准予提取贷款损失准备金的贷款资产余额 ×1% —截至上年末已在税前扣除的贷款损失准备金的余额。金融企业按上述公式计算的数额如为负数，应当相应调增当年应纳税所得额。"

按照上述公式计算，准予当年税前扣除的贷款损失准备金为 10 000 万元，因此可以调减 2 000 万元。

▶▶ 反方：支出未超过扣除限额不能调减

企业实际发生了 8 000 万元，所以只能税前扣除 8 000 万元。

解　析

企业有限额的税前扣除项目大于税法规定的限额，调增该支出；小于税法规定的限额，不能按照限额调减。

《企业所得税法》第八条规定："企业实际发生的与取得收入有关的、合理的支出，包括成本、费用、税金、损失和其他支出，准予在计算应纳税所得额时扣除。"企业税前扣除以实际发生为准，税前扣除项目小于税法规定限额的差额属于未实际发生的支出，不能按照限额调减。

财税〔2015〕9号文件的公式往往让企业产生误解，以为按照公式计算出来的"准予当年税前扣除的贷款损失准备金"就是可以税前扣除的金额，即使企业实际计提的金额小于该金额，也按照该金额扣除。这违背了税前扣除的原则。

同时，《国家税务总局关于企业所得税应纳税所得额若干税务处理问题的公告》（国家税务总局公告2012年第15号）第八条规定："根据《企业所得税法》第二十一条规定，对企业依据财务会计制度规定，并实际在财务会计处理上已确认的支出，凡没有超过《企业所得税法》和有关税收法规规定的税前扣除范围和标准的，可按企业实际会计处理确认的支出，在企业所得税前扣除，计算其应纳税所得额。"甲银行在财务会计处理上已确认的支出没有超过税收法规规定的税前扣除范围和标准，可以按企业实际会计处理确认的支出税前扣除。

结　论

企业实际发生的支出小于税前扣除规定的限额，不能按照限额调减。

争议 58
典当公司的贷款损失准备金能否税前扣除

甲典当公司按照《财政部 国家税务总局关于金融企业贷款损失准备金企业所得税税前扣除有关政策的通知》(财税〔2015〕9号)规定计算扣除贷款损失准备金，是否允许?

▶▶ 正方：典当公司可以税前扣除贷款损失准备金

首先，按照《国民经济行业分类》(GB/T 4754—2017)，典当属于金融业中的非货币银行服务，因此，典当公司属于金融企业，可以适用财税〔2015〕9号文件。

其次，根据《国家税务总局关于企业所得税核定征收若干问题的通知》(国税函〔2009〕377号)第一条第四款规定："银行、信用社、小额贷款公司、保险公司、证券公司、期货公司、信托投资公司、金融资产管理公司、融资租赁公司、担保公司、财务公司、典当公司等金融企业……"说明国家税务总局认可典当公司属于金融企业。

▶▶ 反方：典当公司不能税前扣除贷款损失准备金

首先，2000年下半年，中国人民银行与原国家经贸委联合下发了

《关于典当行业监管职责交接的通知》(银发〔2000〕205号),中国人民银行将其监管的典当行移交国家经贸委统一归口管理。商务部、公安部联合发布的《典当管理办法》(商务部 公安部令2005年第8号)第四条规定:“商务主管部门对典当业实施监督管理,公安机关对典当业进行治安管理。”这些充分说明国家已经不再把典当公司作为金融类企业对待,而是作为工商企业对待,只不过相较于一般的工商企业,典当行有一些特殊性而已。

其次,财税〔2015〕9号文件规定:“根据《中华人民共和国企业所得税法》及《中华人民共和国企业所得税法实施条例》的有关规定,现就政策性银行、商业银行、财务公司、城乡信用社和金融租赁公司等金融企业提取的贷款损失准备金的企业所得税税前扣除政策问题,通知如下:……”该表述中没有典当公司,因此典当公司不适用财税〔2015〕9号文件。

解　析

首先,税法上对某个行业的分类与统计部门的规定并不完全一致。统计部门的行业分类与税法上的行业规定并不矛盾,税法并不否定典当行业在统计口径上属于金融企业,但它并不是税法认可的可以扣除贷款损失准备金的金融机构。

其次,从财税〔2015〕9号文件列举的范围来看。该文件列举的政策性银行、商业银行、财务公司、城乡信用社和金融租赁公司等金融企业都是银监会监管的金融企业,说明能够适用该文件的金融企业仅限于银监会监管的金融企业。典当行不属于银监会监管理,不能适用该文件。

因此,典当公司在统计口径上属于金融企业,但不在银监会监管之下，不是税法规定可以扣除贷款损失准备金的金融机构。

有一些省已做出明确规定，如《河北省国家税务局关于企业所得税若干政策问题的公告》（河北省国家税务局公告 2014 年第 5 号）第四条规定："根据《财政部 国家税务总局关于金融企业贷款损失准备金企业所得税税前扣除政策的通知》（财税〔2012〕5 号）[1] 有关规定，小额贷款公司和典当公司不在该文件规定的适用范围内，因此小额贷款公司和典当公司计提的贷款损失准备金不得在税前扣除。"

结　论

典当公司不得计算扣除贷款损失准备金。

[1] 该文件有效期截至 2013 年 12 月 31 日，现行有效的金融企业贷款损失准备金税前扣除文件为财税〔2015〕9 号。

争议 59
房地产企业“红线”外开发支出能否税前扣除

房地产开发企业在“红线”外的开发支出能否作为开发成本税前扣除?

▶▶ 正方：房地产企业“红线”外开发支出可以税前扣除

房地产开发企业在“红线”外的开发支出，是与房地产企业取得收入有关、合理的支出，可以税前扣除。

▶▶ 反方：房地产企业“红线”外开发支出不能税前扣除

房地产开发企业在“红线”外的开发支出，超过了规划范围，属于不合理支出，不能税前扣除。

解　析

房地产开发中的“红线”，是指房地产开发企业在其征地内供其开发使用的土地范围线。“红线”源于规划部门用红色铅笔在地形图上画出被征用土地的边界线。房地产开发企业在开发时一般不超过“红线”，但也有一些特殊情况，需要在“红线”外绿化、修整道路等。

在土地增值税上，在“红线”外的开发支出，各地地税部门都规定不能税前扣除，但在企业所得税上没有明确规定。

企业所得税税前扣除的原则是相关性、合理性，房地产开发企业在“红线”外绿化、修整道路，是为了美化环境，方便购房者看房。试想，谁不希望住在绿化多的小区里，谁愿意去连车都开不进去的小区看房呢？因此，这些“红线”外的支出是与房地产开发企业取得收入有关、合理的支出，可以作为开发成本税前扣除。尽管超过了政府部门的规划，但并没有违法，因此可以税前扣除。

如《无锡市国家税务局 2016 年度企业所得税政策问题答疑》第三问：“在国有土地使用权出让合同中设定的规划红线之外，企业改造了一条道路，发生的市政路改造、绿化、站台建设、路灯维修等支出，是否可作为开发成本在税前列支？”答：“如企业能提供相关材料，证明该项改造支出确为企业生产经营所必须发生的合理的支出项目，则该项支出可以按规定税前扣除。”

但是，对“红线外”也要具体问题具体分析。比如这个“外”应当有个限度，如紧邻着“红线”做绿化、修整道路，我们认为是合理的；但在离“红线”很远的地方做绿化、修整道路（这条道路还不通往小区），我们认为是不合理的，不能税前扣除。

结　论

房地产开发企业在“红线”外的开发支出，若与其开发的房地产项目有关，可以作为开发成本税前扣除。

争议 60
股东个人的汽车能否在企业扣除折旧

《国家税务总局关于企业为股东个人购买汽车征收个人所得税的批复》（国税函〔2005〕364 号）第二条规定：“依据《中华人民共和国企业所得税暂行条例》以及有关规定，上述企业为个人股东购买的车辆，不属于企业的资产，不得在企业所得税前扣除折旧。”

但是，《国家税务总局关于公布一批全文废止和部分条款废止的税收规范性文件目录的公告》（国家税务总局公告 2017 年第 1 号）废止了上述条款。

那么，股东个人的汽车能否在企业税前扣除折旧？

▶▶ 正方：股东个人的汽车可以在企业税前扣除折旧

国税函〔2005〕364 号文件第二条被废止，说明股东个人的汽车可以在企业税前扣除折旧，不让扣除于法无据。

▶▶ 反方：股东个人的汽车不能在企业税前扣除折旧

虽然国税函〔2005〕364 号文件第二条被废止，但根据《企业所得税法》第八条，股东个人的汽车仍然不能在企业税前扣除折旧。

解 析

有人认为，国税函〔2005〕364号文件第二条被废止，就意味着股东个人的汽车可以在企业税前扣除折旧，这是不对的。

国税函〔2005〕364号文件第二条之所以被废止，并不是因为政策内容发生了变化，而是因为政策依据发生了变化。国税函〔2005〕364号文件第二条依据的是《中华人民共和国企业所得税暂行条例》，而《中华人民共和国企业所得税暂行条例》已经被《企业所得税法》废止，可以说，自2008年《企业所得税法》实施，该条款就已经名存实亡了。

股东个人的汽车不能在企业税前扣除折旧并非没有政策依据。《企业所得税法》第八条规定："企业实际发生的与取得收入有关的、合理的支出，包括成本、费用、税金、损失和其他支出，准予在计算应纳税所得额时扣除。"股东个人的汽车不是企业的汽车，与企业取得收入无关，其折旧自然不能在企业税前扣除。

《企业所得税法实施条例》第五十七条规定："企业所得税法第十一条所称固定资产，是指企业为生产产品、提供劳务、出租或者经营管理而持有的、使用时间超过12个月的非货币性资产，包括房屋、建筑物、机器、机械、运输工具以及其他与生产经营活动有关的设备、器具、工具等。"股东个人的汽车不是企业为生产经营而持有、使用的，都不属于企业的固定资产，其折旧自然不能在企业税前扣除。

若甲股东个人的汽车，除了股东自己使用外，也为公司所用，即所谓私车公用，这些私车的汽油费、维修费、折旧能否由企业承担？

私车公用，公用部分属于与企业取得收入有关的支出，但毕竟还有个人私用部分，该部分属于与企业取得收入无关的支出，应予以区分，公用部分的汽油费、维修费可以税前扣除，但折旧是一律不能税前扣除的。

如《宁夏回族自治区地方税务局 宁夏回族自治区国家税务局关于印发〈企业所得税税前扣除凭证管理办法（试行）〉的公告》（宁夏回族自治区地方税务局 宁夏回族自治区国家税务局公告 2012 年第 3 号）第十六条规定："企业员工将私人车辆提供给企业使用，企业应与出租人签订书面租赁合同或协议，并按照独立交易原则支付租赁费，以出租人提供的发票和付款单据作为税前扣除凭证。如租赁合同或协议中明确规定该车发生的汽油费、维修费等支出由企业负担的，可以在税前扣除。但对应由个人承担的车辆购置税、折旧费以及车辆保险费等不得在税前扣除。"

结 论

股东个人的汽车不能在企业税前扣除折旧。

争议 61
发票是不是唯一合法有效的税前扣除凭证

企业实际发生的支出，有合同、付款凭证等证据，但未取得发票，能否税前扣除？

▶▶ 正方：发票是唯一合法有效的税前扣除凭证

发票是唯一合法有效的税前扣除凭证，没有取得发票不能税前扣除。

▶▶ 反方：发票不是唯一合法有效的税前扣除凭证

发票不是唯一合法有效的税前扣除凭证，真实发生的业务，可以凭合同、付款凭证等证据税前扣除。

解　析

企业发生真实业务支出没有取得发票能否扣除，是有极大争议的。没有取得发票可以分为两种情形。

收款方不应开具发票

该业务的收款方不属于增值税应税范围，不征收增值税，不开具增值税发票，付款方自然无法取得发票。

如收取与销售货物不相关的违约金。甲公司与乙公司合同约定，甲公司向乙公司购买一批商品，由于种种原因，甲公司取消了这笔订单，并支付乙公司 10 万元违约金。

若甲公司实际购买了该批货物，但由于付款晚了而支付违约金，则乙公司收取的违约金属于价外费用，应缴纳增值税；但若乙公司并未实际销售该批货物，其收取的违约金不符合“销售货物或者应税劳务向购买方收取的全部价款和价外费用”，因此不属于增值税应税范围，不征收增值税，自然也就不开具发票，甲公司自然也就不能取得发票。

因此，对于非增值税应税范围，收款方不应开具发票的，付款方可凭合同、付款凭证等税前扣除。

收款方应开具未开具发票

对于属于增值税征税范围，收款方应当开具发票的，付款方没有取得发票，能否税前扣除争议很大。

税务机关普遍认为企业支出没有取得合规发票不能税前扣除，这样判定的最大缺陷是法律依据不足。《中华人民共和国税收征收管理法》第十九条规定：“纳税人、扣缴义务人按照有关法律、行政法规和国务院财政、税务主管部门的规定设置账簿，根据合法、有效凭证记账，进行核算。”《企业所得税法》第八条规定：“企业实际发生的与取得收入有关的、合理的支出，包括成本、费用、税金、损失和其他支出，准予在计算应纳税所得额时扣除。”从上述两部法律的相关规定中，找不到没有取得发票就不能税前扣除的意思，法律依据不具有针对性。

《发票管理办法》第二十条规定：“所有单位和从事生产、经营活动的个人在购买商品、接受服务以及从事其他经营活动支付款项，应当向收款方取得发票。取得发票时，不得要求变更品名和金额。”第二十一条规定：“不符合规定的发票，不得作为财务报销凭证，任何单位和个人有权拒收。上述法规中，仅规定企业应当怎样做，但没有规定企业未这样做应如何处理。如企业“应当向收款方取得发票”，但企业未向收款方取得发票应如何处理没有规定；不符合规定的发票企业“有权拒收”，但企业没有拒收应如何处理也没有规定。法律依据不充分。

①《国家税务总局关于印发〈进一步加强税收征管若干具体措施〉的通知》（国税发〔2009〕114 号）第六条规定：“未按规定取得的合法有效凭据不得在税前扣除。”

②《国家税务总局关于开展打击制售假发票和非法代开发票专项整治行动有关问题的通知》（国税发〔2008〕40 号）第三条规定：“整治不合法发票的买方市场，是专项整治行动的重要方面，对于不符合规定的发票和其他凭证，包括虚假发票和非法代开发票，均不得用以税前扣除、出口退税、抵扣税款。”

③《国家税务总局关于进一步加强普通发票管理工作的通知》（国税发〔2008〕80 号）第八条第二款规定：“在日常检查中发现纳税人使用不符合规定发票特别是没有填开付款方全称的发票，不得允许纳税人用于税前扣除、抵扣税款、出口退税和财务报销。”

④《国家税务总局关于加强企业所得税管理的意见》（国税发〔2008〕88 号）第二条第三款第三项规定：“加强发票核实工作，不符合

规定的发票不得作为税前扣除凭据。"

上述规范性文件是处理发票问题最直接的政策依据。但是，②③④规定的是对取得不合规发票的处理，①虽然规定了未取得合法有效凭据不得税前扣除，但并未明确何为"合法有效凭据"，发票是否是唯一的合法有效凭据。而且，这些都是国家税务总局制定的规范性文件，法律位阶较低。

《企业所得税法》第八条明确规定税前扣除的原则是实际发生、相关性、合理性，由此无法得出没有取得发票就不能税前扣除的结论。如果有充分证据证明企业真实发生了支出，仅凭规范性文件做出不允许其税前扣除的决定，政策依据不够充分，有一定执法风险。

有的税务机关已做出规定。如《江苏省地方税务局关于发布〈企业所得税税前扣除凭证管理办法〉的公告》(苏地税规〔2011〕13号)第七条第二款规定:"企业无法取得合法凭证，但有确凿证据证明业务支出真实且取得收入方相关收入已入账的，可予以税前扣除。"

目前已见公开的行政复议案例中有这样的细节:民间借贷所支付的利息没有取得发票，县国税局责令不能税前扣除，企业复议后，市国税局认为，企业将其民间融资利息在企业所得税前予以扣除的行为合理，撤销了县国税局做出的处罚决定。[1]

目前，税务机关普遍的观点是，若属于增值税征税范围，应当取得发票，未取得发票不能税前扣除。

并且，越来越多的法院判决表明，企业没有取得发票的支出，不能税前扣除。

---

❶ 刘天永．应明确企业无票支出扣除判定标准[N]. 中国税务报，2015-06-24.

如吉林省丰达高速公路服务有限公司诉公主岭市国家税务局、公主岭市国家税务局稽查局一案，丰达高速公司购进肉类、冻货等白条入账，被稽查局责令不得税前扣除，一审、二审均支持了稽查局。二审行政判决书［（2017）吉03行终36号］指出："虽《企业所得税法》第八条规定'企业实际发生的与取得收入有关的、合理的支出，包括成本、费用、税金、损失和其他支出，准予在计算应纳税所得额时扣除'，但仍不能认为'白条收据'可以视为合法、有效的票据在计算应纳税所得额时扣除。上诉人认为其以'白条收据'入账的支出是合理的实际支出，应在计算应纳税所得额时扣除的观点不能成立。"

又如海南鑫海建材有限公司诉海南省国家税务局第三稽查局，认为其成本虽未取得发票，但合同、对账单等其他证据齐全，应可以税前扣除，并取得二审法院支持。但海南省高级人民法院推翻了这一判决。海南省高级人民法院《申请再审人海南省国家税务局第三稽查局行政裁定书》（〔2013〕琼行提字第3号）指出："从以上规定可以看出，确实如鑫海公司所言，发票并不是唯一合法有效的凭证。款项支付对象不同，对合法有效凭证的要求也不一样。从本案来看，鑫海公司主张的成本支出是用于购买原材料，支付的对象是我国境内的单位或个人，且上述单位或个人生产销售的原材料是属于增值税税收征税范围的，应当以发票作为唯一合法有效的凭证。原判认为鑫海公司上述成本虽然未开具发票，但符合权责发生制，故应扣减应纳税所得额属于适用法律错误，应予纠正。"

因此，企业发生的业务属于增值税征税范围的，应当取得发票，与其纠缠法律法规有没有明确规定，不如规规矩矩取得发票，避免争议。该观点已经得到一些法院判决的认同。

结 论

笔者建议，为避免争议，企业发生的业务属于增值税征税范围的，务必取得发票。

争议 62
营改增后统借统还是否应取得发票

营改增后，集团公司统一向银行借款，分配给集团内部其他成员企业使用，其支付给银行的利息也在成员企业间分摊，成员企业支付分摊的利息是否应凭发票税前扣除?

▶▶ 正方：营改增后统借统还应取得发票

营改增后，统借统还业务为免征增值税项目，可以取得发票，未取得的不能税前扣除。

▶▶ 反方：营改增后统借统还不用取得发票

诸多企业所得税政策表明，统借统还不凭发票税前扣除。

解　析

此处争议的焦点在于营改增后政策发生变化，企业所得税上如何衔接。

统借统还业务，是指：

（1）企业集团或者企业集团中的核心企业向金融机构借款或对外发行债券取得资金后，将所借资金分拨给下属单位（包括独立核算单位和非独立核算单位，下同），并向下属单位收取用于归还金融机构或债券购买方本息的业务。

（2）企业集团向金融机构借款或对外发行债券取得资金后，由集团所属财务公司与企业集团或者集团内下属单位签订统借统还贷款合同并分拨资金，并向企业集团或者集团内下属单位收取本息，再转付企业集团，由企业集团统一归还金融机构或债券购买方的业务。

营改增前

营业税上，根据《财政部 国家税务总局关于非金融机构统借统还业务征收营业税问题的通知》（财税字〔2000〕7号）、《国家税务总局关于贷款业务征收营业税问题的通知》（国税发〔2002〕13号）、《国家税务总局关于明确若干营业税问题的公告》（国家税务总局公告2015年第92号）等政策规定，统借统还业务中，企业集团或企业集团中的核心企业以及集团所属财务公司按不高于支付给金融机构的借款利率水平或者支付的债券票面利率水平，向企业集团或者集团内下属单位收取的利息，不征收营业税。

企业所得税上，目前国家层面仅对房地产开发企业统借统还业务有明确规定。《房地产开发经营业务企业所得税处理办法》（国税发〔2009〕31号文件发布）第二十一条第二款规定："企业集团或其成员企业统一向金融机构借款分摊集团内部其他成员企业使用的，借入方凡能出具从金融机构取得借款的证明文件，可以在使用借款的企业间合理的分摊利息费用，使用借款的企业分摊的合理利息准予在税前扣除。"

对于非房地产开发企业，有些省做出了规定，如《河北省国家税务局关于企业所得税若干政策问题的公告》（河北省国家税务局公告 2014 年第 5 号）第七条规定：“企业集团或其成员企业统一向金融机构借款，分摊给集团内部其他成员企业使用的，借入方凡能出具从金融机构取得借款的证明文件，可以在使用借款的企业间合理地分摊利息费用的，使用借款的企业分摊的合理利息准予按规定在税前扣除。按照《财政部 国家税务总局关于非金融机构统借统还业务征收营业税问题的通知》（财税字〔2000〕7 号）规定不需要缴纳营业税的利息支出，企业集团及其内部成员企业在税前扣除时，不需要以发票作为税前扣除凭据。企业集团是指按照《国家工商行政管理局关于印发〈企业集团登记管理暂行规定〉的通知》（工商企字〔1998〕第 59 号）规定在工商部门办理登记的企业法人联合体。”

由于统借统还业务不征收营业税，成员单位自然无法取得发票，因此其分摊的利息也就不凭发票税前扣除。

营改增后

根据《财政部 国家税务总局关于全面推开营业税改征增值税试点的通知》（财税〔2016〕36 号）附件 3《营业税改征增值税试点过渡政策的规定》第一条第十九款规定，统借统还业务免征增值税。也就是说，统借统还业务从不征收营业税改为免征增值税。

不征税和免税是两个不同的概念。前者不属于征税范围，后者属于征税范围，但免予征收；前者不是税收优惠，后者是税收优惠；前者不能开具发票，后者可以开具普通发票。

如上所述，若严格遵循属于增值税征税范围就必须取得发票的原则，成员单位应取得集团公司开具的增值税普通发票，否则不能税前扣除；若不严格遵循该原则，成员单位仍可按照营改增前的企业所得税政策处理。

结　论

为避免不必要的争议，建议取得发票。

争议 63
个人抬头票据所对应的支出能否税前扣除

甲公司为员工出差报销机票，机票上是员工的名字，所对应的支出能否税前扣除？

▶▶ 正方：符合条件的个人抬头票据所对应的支出可以税前扣除

只能开具个人名字的发票，所对应的支出可以税前扣除。

▶▶ 反方：个人抬头的票据所对应的支出一律不能税前扣除

解　析

我们普遍认为，个人抬头票据所对应的支出不能税前扣除，如通讯费、餐费等。《国家税务总局关于进一步加强普通发票管理工作的通知》（国税发〔2008〕80 号）第八条第二款规定：“在日常检查中发现纳税人使用不符合规定发票特别是没有填开付款方全称的发票，不得允许纳税人用于税前扣除、抵扣税款、出口退税和财务报销。”

但也有一些扣除凭证只能开具给个人，比如职工参加资格考试的费用可以作为职工教育经费，资格考试的报名费发票只能是个人名字；机票也只能是个人名字；药费也只能是个人名字。这些只能是个人名字的发票，所对应的支出若不允许扣除未免强人所难。

北京国税微信发布，可以税前扣除的个人抬头的发票常见但不限于：

（1）允许税前扣除的医药费票据。

（2）机票和火车票、出差过程的人身意外保险费。

（3）符合职工教育费范围的职业技能鉴定、职业资格认证等经费支出。

（4）员工入职前到医疗机构体检费票据。

（5）企业为因公出差的员工报销签证费，是个人抬头的财政收据。

（6）允许税前扣除的外籍个人的住房补贴，员工凭发票实报实销，但由于是员工个人与业主签订租赁合同，发票抬头为个人。

结　论

只能开具个人名字的发票，所对应的支出允许税前扣除。

争议 64
非本单位抬头发票所对应的支出能否税前扣除

甲公司租赁乙公司住房，合同约定水、电、燃气费由甲公司负担，但发票抬头开具的是房东乙公司，甲公司的相关支出能否税前扣除？

▶▶ 正方：符合条件的非本单位抬头发票所对应的支出可以税前扣除

《青岛国税 2013 年度汇算清缴若干业务问题解答》第 5 问有这样的内容："问：租赁合同约定出租房屋的物业管理费、水费、电费、暖气费、煤气费等费用由承租方承担，但承租方收到户头为房东的发票，承租方能否作为税前扣除的凭据？

答：根据《企业所得税法》第八条的规定，如物业管理费、水费、电费、暖气费、煤气费等费用全部为承租方租赁的房屋或其生产经营活动所产生的，且与其取得收入有关、合理，可以凭相关发票原件及租赁合同等充分适当的证据在计算应纳税所得额时扣除。"

第 7 问有这样的内容："问：租赁合同约定车辆的保险费、车船税和年检费由承租方承担，承租方收到名称为出租方的票据，能否作为税前扣除的凭据?

答：根据《企业所得税法》第八条的规定，如果双方租赁合同约定在车辆租赁费之外，承租方还承担因车辆而产生的保险费、车船税、年检费，可以凭相关发票、税票原件及租赁合同等充分适当的证据在计算应纳税所得额时扣除。”

▶▶ 反方：非本单位抬头发票所对应的支出不能税前扣除

《国家税务总局关于进一步加强普通发票管理工作的通知》(国税发〔2008〕80号)第八条第二款规定：“在日常检查中发现纳税人使用不符合规定发票特别是没有填开付款方全称的发票，不得允许纳税人用于税前扣除、抵扣税款、出口退税和财务报销。”因此，不是本单位抬头发票所对应的支出不能税前扣除。

解 析

一般认为，非本单位抬头发票所对应的支出不能税前扣除，但对于租赁等业务来说，发票只能开给所有权人，而使用权人实际使用并负担支出，符合《企业所得税法》第八条的规定，可以税前扣除。若因发票抬头不是本单位就不让税前扣除，未免强人所难。

如《国家税务总局关于2009年度税收自查有关政策问题的函》(企便函〔2009〕33号)第一条第十四款规定：“企业与其他企业或个人共用水、电，无法取得水、电发票的，应以双方的租用合同、电力和供水公司出具给出租方的原始水、电发票或复印件、经双方确认的用水、电量分割单等凭证，据实进行税前扣除。”

结 论

确实由承租方实际使用并负担支出，但发票只能开给出租方的，所对应的支出可以凭相关发票、税票原件及租赁合同等证据税前扣除。

争议 65
违法支出能否税前扣除

某房地产开发企业在取得预售许可证之前发布了广告。根据《房地产广告发布规定》(国家工商行政管理局令第80号)第五条的规定,"凡下列情况的房地产,不得发布广告:……(四)预售房地产,但未取得该项目预售许可证的",有关部门对其进行了处罚,该企业已将罚款全额调增,那么,其实际发生的广告费能否税前扣除?

▶▶ 正方:违法支出可以税前扣除

税法并未规定违法支出不能税前扣除,且广告费是与企业取得收入相关的支出,允许税前扣除。

▶▶ 反方:违法支出不能税前扣除

违法支出不是合理的支出,不能税前扣除。

解 析

没有任何一条税收政策规定违法支出不能税前扣除。《企业所得税法》第八条规定:"企业实际发生的与取得收入有关的、合理的支出,包括成本、费用、税金、损失和其他支出，准予在计算应纳税所得额时扣除。”违法支出也是与取得收入有关的支出，可以税前扣除。

不过，违法支出虽然与取得收入有关，却不合理。《企业所得税法实施条例》第二十七条规定：“企业所得税法第八条所称合理的支出，是指符合生产经营活动常规，应当计入当期损益或者有关资产成本的必要和正常的支出。”生产经营活动常规应不违反法律法规和公序良俗，因此，违法支出不是合理的支出，不能税前扣除。但是，这条依据并不过硬，容易引发争议。

我们再来看《中华人民共和国企业所得税法释义及适用指南》对“合理性”的解释：“合理性是指可在税前扣除的支出是正常和必要的，计算和分配的方法应该符合一般的经营常规和会计管理。税前扣除的支出在真实、合法的基础上必须符合合理性的要求。”[1] 因此，合法性是税前扣除的原则之一，违法支出不能税前扣除。

需要注意的是，企业某项行为是否违法，应由主管行政机关来判定，如广告支出是否违反了相关法律法规应由工商行政管理局来判定。若被其他部门判定为该支出违法，税务机关可按照不合理支出不允许其税前扣除，责令其补缴税款。若税务机关发现企业支出违反其他法律法规，可向主管行政机关反映，由主管行政机关判定其支出违法，再进行纳税调整。

结　论

已被主管行政机关判定违法的支出，不能税前扣除。

---

[1] 史耀斌，孙瑞标，刘炤．中华人民共和国企业所得税法释义及适用指南[M]．北京：法律出版社，2007：62．

ANALYSIS OF 100
CORPORATE INCOME TAX
Controversial Issues

03
资　产

争议 66 停用的固定资产的折旧能否税前扣除

（1）季节性停产的固定资产。

甲公司一台生产用大型设备季节性停用 3 个月，计提并扣除了折旧 50 万元，能否税前扣除？

（2）政府责令停产的固定资产。

乙公司由于存在生产安全隐患，被安监部门责令停业整顿 3 个月，停业期间，其固定资产的折旧能否税前扣除？

（3）市价价格持续下跌导致停产的固定资产。

由于某产品生产价格持续下跌，丙公司决定暂停该产品的生产，停产期间生产该产品的设备的折旧能否税前扣除？

▶▶ 正方：暂时性停用固定资产的折旧可以税前扣除

没有政策规定暂时性停用的固定资产的折旧不能税前扣除，因此，季节性停产、政府责令停产的固定资产的折旧可以税前扣除，若产品市价价格持续下跌导致永久停产，则折旧不能税前扣除。

▶▶反方：停用固定资产的折旧不能税前扣除

理由一：《企业所得税法》第十一条规定："在计算应纳税所得额时，企业按照规定计算的固定资产折旧，准予扣除。下列固定资产不得计算折旧扣除：（一）房屋、建筑物以外未投入使用的固定资产"。因此，停用的固定资产不能计算扣除折旧。

理由二：《企业所得税法实施条例》第五十九条第二款规定："企业应当自固定资产投入使用月份的次月起计算折旧；停止使用的固定资产，应当自停止使用月份的次月起停止计算折旧。"因此，停用的固定资产应当停止计算折旧，会计上计提的折旧不能税前扣除。

解　析

《企业会计制度》第三十四条第三款明确规定："季节性停用、大修理停用的固定资产"应当计提折旧。

《企业会计准则第4号——固定资产》虽没有如此明确，但其第十四条规定："企业应当对所有固定资产计提折旧。但是，已提足折旧仍继续使用的固定资产和单独计价入账的土地除外。"显然，排除项中没有停用的固定资产，因此，停用的固定资产在会计上也应当计提折旧。

与停用的固定资产最沾边的就是房屋、建筑物以外未投入使用的固定资产。何为"未投入使用"，笔者理解，"未"为从未，就是固定资产自打买来或造好就没用过，停用不属于"未投入使用"，《企业所得税法》第十一条规定的不得扣除折旧的项目中没有停用的固定资产，因此，停用固定资产计提的折旧可以税前扣除。

那么，如何理解《企业所得税法实施条例》第五十九条第二款的规定？

先来看会计上的规定。《企业会计制度》第三十七条规定："企业一般应按月提取折旧，当月增加的固定资产，当月不提折旧，从下月起计提折旧；当月减少的固定资产，当月照提折旧，从下月起不提折旧。"《〈企业会计准则第 4 号——固定资产〉应用指南》第一条第一款规定："固定资产应当按月计提折旧，当月增加的固定资产，当月不计提折旧，从下月起计提折旧；当月减少的固定资产，当月仍计提折旧，从下月起不计提折旧。"

会计上使用的是"减少"一词，停用的固定资产并没有减少，所以仍需要计提折旧。

再来看税法上的规定。《企业所得税法实施条例》第五十九条第二款使用的是"停止使用"一词，这个词引发了争议，"停止使用"是"中止使用"，还是"终止使用"？是"暂停使用"，还是"不再使用"？

税法对"停止使用"没有做出解释，笔者认为应理解为"终止使用"。首先，若为"中止使用"，停用时间如何确定？是停用一个月以上，还是停用三个月以上？从严格意义上讲，停用一天也是"停止使用"；其次，若停用就不再计算折旧，将导致税收上的折旧期不连贯，纳税调整过于频繁；最后，"停止使用"应理解为会计上的"减少"，不宜人为制造税会差异。

同理，若将停用理解为"未投入使用"，也会出现同样的情况，停用一天就是一天"未投入使用"，周末休息两天就是两天"未投入使用"，春节放假七天就是七天"未投入使用"，难道都不能扣除折旧？

因此，暂时性停用固定资产的折旧可以税前扣除，季节性停产、政府责令非永久性停产的固定资产的折旧可以税前扣除。

市价价格持续下跌导致的停产是不可预期的，该固定资产的折旧能否税前扣除？在该固定资产停用之初，尚不能判断其是否会恢复使用，是否为永久停止使用，若不能计算折旧，当市场价格很快有所回升时，该固定资产重新启用，会导致纳税调整过于频繁。

对于因市价价格持续下跌导致停产的固定资产，必须综合分析，结合企业对该固定资产的实际处置情况（如暂时停用的固定资产肯定会妥善保管）和会计处理，分析是“中止使用”还是“终止使用”，做出合法合理的税务处理。

结　论

暂时性停用固定资产的折旧可以税前扣除。

争议 67
无偿使用的固定资产由谁计提折旧

甲公司是乙公司的母公司，甲公司将一栋房屋无偿交给乙公司使用，乙公司计算并扣除房屋折旧。该处理是否正确？

▶▶ 正方：应由甲公司计提折旧

《企业所得税法》第十一条第二款规定，“以经营租赁方式租入的固定资产”不得计提折旧扣除，因此乙公司不应计提折旧，应由出租方甲公司来计提折旧。

▶▶ 反方：应由乙公司计提折旧

房屋由乙公司实际使用，根据《企业所得税法》第八条“企业实际发生的与取得收入有关的、合理的支出，包括成本、费用、税金、损失和其他支出，准予在计算应纳税所得额时扣除”的规定，属于与取得收入有关、合理的支出。

根据《企业所得税法》第十一条第五款的规定，“与经营活动无关的固定资产”不得计算折旧扣除，甲公司的房屋由乙公司实际使用，其已经是与甲公司经营活动无关的固定资产，甲公司不得计提折旧。

解　析

该争议的实质是该业务的性质，甲公司将自己的房屋无偿交给乙公司使用，实质上应为无偿经营租赁，由甲公司计算折旧。同时，由于双方具有关联关系，可对甲公司进行特别纳税调整。

结　论

无偿使用的固定资产，由固定资产所有权方计提折旧。

争议 68
企业投资艺术品支出能否税前扣除

甲公司老总从拍卖会上购买了几件清代黄花梨家具，购入价格为8 000万元，按照5年计提折旧。又购买了一对清代官窑粉彩花瓶，购入价格为1 200万元。甲公司认为，瓶子不能作为固定资产，便作为相关费用在当年扣除了。这样处理是否正确？

▶▶ 正方：企业投资艺术品支出可以税前扣除

家具属于固定资产，可以计提折旧。艺术品可以提升企业文化氛围，彰显企业实力，与企业取得收入相关，其支出可以税前扣除。

▶▶ 反方：企业投资艺术品支出不能税前扣除

购买艺术品不是与企业取得收入直接相关的支出，其支出不能税前扣除。

解 析

企业购买的古玩、字画以及其他艺术品，不能作为固定资产，其支出也不能在购买当期一次性税前扣除。

首先，不能作为固定资产处理。企业认为家具作为固定资产顺理成章，哪个企业的家具都作为固定资产处理。但是，家具作为固定资产顺理成章，清代黄花梨家具作为固定资产就不顺理成章了。

我们先来看资产的定义。《企业会计准则——基本准则》第二十条规定："资产是指企业过去的交易或者事项形成的、由企业拥有或者控制的、预期会给企业带来经济利益。"企业购买的艺术品是企业过去的交易或者事项形成的、由企业拥有或者控制的，由于这些艺术品会升值，预期会给企业带来经济利益，因此属于企业的资产。

再看固定资产的定义。《企业会计准则第4号——固定资产》第三条规定："固定资产，是指同时具有下列特征的有形资产：（一）为生产商品、提供劳务、出租或经营管理而持有的；（二）使用寿命超过一个会计年度。使用寿命，是指企业使用固定资产的预计期间，或者该固定资产所能生产产品或提供劳务的数量。"《企业所得税法实施条例》第五十七条规定："企业所得税法第十一条所称固定资产，是指企业为生产产品、提供劳务、出租或者经营管理而持有的、使用时间超过12个月的非货币性资产，包括房屋、建筑物、机器、机械、运输工具以及其他与生产经营活动有关的设备、器具、工具等。"

无论会计上还是税法上，都强调固定资产应是企业为生产商品、提供劳务、出租或经营管理而持有的，显然，艺术品是用来收藏升值的，而不是为企业生产商品、提供劳务、出租或经营管理而持有的，因此不能作为固定资产。

其次，与企业取得收入无关。有的企业辩称，企业购买这些艺术品不为升值，而是为了提升企业文化氛围，彰显企业实力，并经常邀请有此爱好的客户、商业伙伴参观，因此与企业生产经营有关。但是，税前扣除的原则并不是与企业生产经营有关，而是与企业取得收入相关。《企业所得税法》第八条规定：“企业实际发生的与取得收入有关的、合理的支出，包括成本、费用、税金、损失和其他支出，准予在计算应纳税所得额时扣除。”《企业所得税法实施条例》第二十七条第一款规定：“企业所得税法第八条所称有关的支出，是指与取得收入直接相关的支出。”企业斥巨资购买的艺术品确实能够提升企业文化氛围，彰显企业实力，但与企业取得收入并非直接相关，因此不能税前扣除。

再次，支出不合理。《企业所得税法实施条例》第二十七条第二款规定：“企业所得税法第八条所称合理的支出，是指符合生产经营活动常规，应当计入当期损益或者有关资产成本的必要和正常的支出。”合理性的支出应当符合企业生产经营活动常规，购买艺术品不是企业的常规生产经营活动；再者艺术品也不是企业生产经营活动中所必需的东西。

最后，个人支出不能税前扣除。很多艺术品其实是有收藏爱好的老板个人以公司名义购买的。《企业财务通则》第四十六条规定：“企业不得承担属于个人的下列支出：……（二）购买商业保险、证券、股权、收藏品等支出。”因此，老板个人以公司名义购买的艺术品不能在公司税前扣除。但在实务中，老板往往兼任公司 CEO，难以区分。

《企业所得税法》实施前，一些省级税务机关曾对此做出过明确，如《北京市地方税务局关于明确企业所得税有关业务政策问题的通知》（京地税企〔2005〕542 号）第三条规定：“纳税人为了提升企业形象，购置古玩、字画以及其他艺术品的支出，不得在购买年度企业所得税前扣除，而在处置该项资产的年度企业所得税税前扣除。”《浙江省国家税务局关于2006年度企业所得税汇算清缴有关问题的通知》(浙国税所〔2007〕7号)第三条规定:“企业购买的名贵字画、古董等收藏品,不属于固定资产的范畴,与企业生产经营没有直接关系(经营字画的企业除外),所支付的相关费用不得在税前扣除。”

需要说明的是,企业购入艺术品虽是为了投资,但不属于税法上的投资资产。《企业所得税法实施条例》第七十一条规定:“企业所得税法第十四条所称投资资产,是指企业对外进行权益性投资和债权性投资形成的资产。”艺术品投资不属于“权益性投资和债权性投资”,因此不属于税法上的投资资产,不适用《企业所得税法》第十四条“企业对外投资期间,投资资产的成本在计算应纳税所得额时不得扣除”的规定。

结 论

企业购买的古玩、字画以及其他艺术品,不得折旧、摊销,其支出也不得在购买年度税前扣除,而在处置该项资产的年度税前扣除。

争议 69
以公允价值模式计量的投资性房地产能否在税前扣除折旧

甲房地产公司是一家上市公司，其有以公允价值模式计量的投资性房地产，按照《企业会计准则》的要求没有计提折旧，但在 2016 年度汇算清缴时按照 20 年的折旧年限调减折旧 5 000 万元。这样处理是否正确？

▶▶ 正方：以公允价值模式计量的投资性房地产可以在税前扣除折旧

《企业所得税法实施条例》第五十七条规定："企业所得税法第十一条所称固定资产，是指企业为生产产品、提供劳务、出租或者经营管理而持有的、使用时间超过 12 个月的非货币性资产，包括房屋、建筑物、机器、机械、运输工具以及其他与生产经营活动有关的设备、器具、工具等。"投资性房地产符合税法关于固定资产的定义，应按照房屋、建筑物类固定资产处理，并按照不低于《企业所得税法实施条例》第六十条规定的房屋、建筑物类固定资产最低折旧年限计提折旧。并且，《企业所得税法》第十一条列举的"下列固定资产不得计算折旧扣除"不包括投资性房地产，因此不禁止以公允价值模式计量的投资性房地产计提折旧。[1]

▶▶ 反方：以公允价值模式计量的投资性房地产不能在税前扣除折旧

《国家税务总局关于企业所得税应纳税所得额若干税务处理问题的公告》（国家税务总局公告2012年第15号）第八条规定："根据《企业所得税法》第二十一条规定，对企业依据财务会计制度规定，并实际在财务会计处理上已确认的支出，凡没有超过《企业所得税法》和有关税收法规规定的税前扣除范围和标准的，可按企业实际会计处理确认的支出，在企业所得税前扣除，计算其应纳税所得额。"以公允价值模式计量的投资性房地产企业在会计上确认的支出为零，没有超过税法规定的税前扣除范围和标准，因此不得计提折旧。[2]

解　析

税法上没有投资性房地产的概念，以公允价值计量的投资性房地产在会计上不计提折旧，是否可以在税前扣除折旧，争议很大。

笔者认为，以公允价值计量的投资性房地产不能在税前扣除折旧。国家税务总局公告2012年第15号第八条的规定是一个理由，更大的理由如下：

首先，企业的折旧账簿中根本没有投资性房地产折旧，若在税收上

---

❶ 朱长胜.应明确投资性房地产税务处理方式[N].中国税务报，2014-12-31（B7）.

❷ 马泽方.以公允价值计量的投资性房地产如何计提折旧[N].中国税务报，2014-08-08（B7）.

计提折旧属于无源之水，无本之木。众所周知，纳税调整来源于会计处理，会计上都没有的支出税收上怎么可能“凭空”出现呢？

其次，《国家税务总局关于发布〈中华人民共和国企业所得税年度纳税申报表（A类，2017年版）〉的公告》（国家税务总局公告2017年第54号）新版年度申报表填报说明规定：“企业在计算应纳税所得额及应纳所得税时，企业会计处理与税收规定不一致的，应当按照税收规定计算。税收规定不明确的，在没有明确规定之前，暂按国家统一会计制度计算。”投资性房地产属于“税收规定不明确的”，那么就应“暂按国家统一会计制度计算”，不能计算折旧。

最后，也是最直接的依据是《企业所得税法》第八条的规定：“企业实际发生的与取得收入有关的、合理的支出，包括成本、费用、税金、损失和其他支出，准予在计算应纳税所得额时扣除。”以公允价值模式计量的投资性房地产并没有“实际发生”折旧，未真实发生的支出不得在税前扣除，因此，以公允价值模式计量的投资性房地产税收上计提折旧违反了税前扣除的真实性原则。

目前已经有很多省明确以公允价值模式计量的投资性房地产在税收上不能扣除折旧，如《北京市国税局2012年度企业所得税汇算清缴政策问题解答》规定：“企业以公允模式计量的投资性房地产，在会计处理中不计提折旧，未确认折旧年限，与《实施条例》规定的固定资产或无形资产的扣除条件不相符，因此不得计算折旧从税前扣除。”

结　论

以公允价值模式计量的投资性房地产在会计上不能计提折旧，在企业所得税上也不能税前扣除折旧。

争议 70
固定资产计税基础大于账面价值，其折旧能否调减

甲公司在建工程成本 100 万元，试运行取得收入 10 万元，按照《企业会计准则》的规定，试运行收入应冲减在建工程成本，建成后固定资产入账价值为 90 万元。《企业所得税法》第六条规定："企业以货币形式和非货币形式从各种来源取得的收入，为收入总额。"企业取得的试运行收入应确认为收入，而不是冲减在建工程成本，该固定资产计税基础为 100 万元。会计上和税法上都按 5 年计算折旧，每年会计折旧额为 18 万元，税法折旧额为 20 万元，是否可以做纳税调减？

▶▶ 正方：计税基础大于账面价值的固定资产的折旧应当调减

计税基础大于账面价值是税会差异，允许纳税调减。

▶▶ 反方：计税基础大于账面价值的固定资产的折旧不能调减

《国家税务总局关于企业所得税应纳税所得额若干税务处理问题的公告》（国家税务总局公告 2012 年第 15 号）第八条规定："根据《企业所得税法》第二十一条规定，对企业依据财务会计制度规定，并实际在

财务会计处理上已确认的支出，凡没有超过《企业所得税法》和有关税收法规规定的税前扣除范围和标准的，可按企业实际会计处理确认的支出，在企业所得税前扣除，计算其应纳税所得额。”甲公司在财务会计处理上已确认的折旧额18万元，没有超过按照税收法规计算的折旧额20万元，应按企业实际会计处理确认的折旧额税前扣除。

解　析

反方看似机械地理解了政策，很不合理，但在实务中确有发生。

例如，企业会计折旧年限短于税法折旧年限，每年进行纳税调增，在会计已经计提完折旧后税法仍然在计算折旧，但按照国家税务总局公告2012年第15号第八条规定，财务会计处理上已确认的支出（零），没有超过税收法规规定的税前扣除标准（继续折旧额），可按企业实际会计处理确认的支出（零）税前扣除，不允许企业调减折旧额。又如，企业可以在会计上按照直线法计提折旧，税收上采用加速折旧法计算折旧。但按照国家税务总局公告2012年第15号第八条的规定，加速折旧前期税收上计算的加速折旧额大于会计上计提的折旧额，即财务会计处理上已确认的支出（直线折旧额），没有超过税收法规规定的税前扣除标准（加速折旧额），可按企业实际会计处理确认的支出（直线折旧额）税前扣除，不允许企业按照加速折旧额扣除。因此，后来《国家税务总局关于企业所得税应纳税所得额若干问题的公告》（国家税务总局公告2014年第29号）第五条第一款明确规定：“企业固定资产会计折旧年限如果短于税法规定的最低折旧年限，其按会计折旧年限计提的折旧高于按税法规定的最低折旧年限计提的折旧部分，应调增当期应纳税所得额；企业固定资产会计折旧年限已期满且会计折旧已提足，但税法规定的最低折旧年限尚未到期且税收折旧尚未足额扣除，其未足额扣除的部分准予在剩余的税收折旧年限继续按规定扣除”；第四款明确规定：“企业按税法规定实行加速折旧的，其按加速折旧办法计算的折旧额可全额在税前扣除。”以上就是对曲解国家税务总局公告 2012 年第 15 号第八条规定的纠正。

但国家税务总局公告 2014 年第 29 号第五条只规定了折旧年限和折旧方法产生的差异不必遵循国家税务总局公告 2012 年第 15 号第八条，并没有说当计税基础大于账面价值时是否也不必遵循该条规定。

固定资产计税基础大于账面价值的情况很多，如自行建造的固定资产会计上以“达到预定可使用状态”为结转时点，税收上以“竣工结算”为结转时点；融资租入的固定资产会计上将租赁开始日租赁资产公允价值与最低租赁付款额现值两者中较低者作为租入资产的入账价值，税收上以租赁合同约定的付款总额和承租人在签订租赁合同过程中发生的相关费用为计税基础；推倒重置的房屋、建筑物会计上以新建成本作为入账价值，税收上将资产原值减除提取折旧后的净值并入重置后的固定资产计税成本作为计税基础，等等。这些时间性差异都在每年对折旧额的纳税调整中得以弥合，若税法大于会计的折旧额不得调减，将变为永久性差异，这是不符合税法原理的。

因此，企业按照税法规定确认的固定资产计税基础大于账面价值，折旧额允许调减，不能曲解国家税务总局公告 2012 年第 15 号第八条。

结　论

固定资产计税基础大于账面价值，其折旧额应做纳税调减。

争议 71
固定资产投入使用 12 个月后取得发票如何纳税调整

甲公司自行建造了一固定资产，2016 年 6 月达到预定可使用状态并投入使用，但尚未办理竣工决算，合同约定固定资产造价为 200 万元，并按照 10 年计提折旧，2017 年 4 月办理竣工决算，取得 120 万元的发票。根据《国家税务总局关于贯彻落实企业所得税法若干税收问题的通知》（国税函〔2010〕79 号）第五条“企业固定资产投入使用后，由于工程款项尚未结清未取得全额发票的，可暂按合同规定的金额计入固定资产计税基础计提折旧，待发票取得后进行调整。但该项调整应在固定资产投入使用后 12 个月内进行”的规定，甲公司的税务处理如下：

2016 年，甲公司该固定资产账面价值为 200 万元，计提折旧 10 万元（200 ÷ 10 × 6/12），不存在税会差异。

2017 年 4 月取得发票后，该固定资产计税基础为 120 万元，2016 年可扣除折旧为 6 万元（120 ÷ 10 × 6/12），调增 4 万元。

2017 年 12 月，甲公司又取得发票 60 万元。

那么，该发票对应的折旧 3 万元（60 ÷ 10 × 6/12）能否追溯到 2016 年度税前扣除？ 2017 年度该固定资产计税基础是 120 万元还是

180万元?

▶▶ 观点一：调折旧，调计税基础

根据《国家税务总局关于企业所得税应纳税所得额若干税务处理问题的公告》(国家税务总局公告2012年第15号)第六条规定："根据《中华人民共和国税收征收管理法》的有关规定，对企业发现以前年度实际发生的、按照税收规定应在企业所得税前扣除而未扣除或者少扣除的支出，企业做出专项申报及说明后，准予追补至该项目发生年度计算扣除，但追补确认期限不得超过5年。"企业在12个月后取得发票，做出专项申报及说明后，可以在2016年度税前扣除。同时，将该固定资产2017年度计税基础调整为180万元。

《泰州市国家税务局2016年度企业所得税汇算清缴培训资料》规定："某公司2015年1月购入设备一台，价值800万元，因故无法取得发票（12个月后仍无法取得发票），但有相关合同和付款记录，该公司2015年计提的折旧能否在税前扣除？国税函〔2010〕79号文件第五条规定……由于该公司2015年1月购入的设备在12个月内无法取得发票，因此，该公司2015年计提的折旧不能在税前扣除，可在取得发票后追溯到2015年度扣除。"

▶▶ 观点二：调折旧，不调计税基础

按照国家税务总局公告2012年第15号第六条规定，企业在12个月后取得发票，在做出专项申报及说明后，可以在2016年度税前扣除；但是，按照国税函〔2010〕79号文件第五条规定，由于该发票取得时间超过12个月，因此该固定资产计税基础不能调整，2017年度计税基

础仍为 120 万元。

▶▶ **观点三：不调折旧，调计税基础**

12 个月后取得发票税收没有规定，按照“税法规定不明确的，在没有明确规定之前，暂按企业财务、会计规定计算”的原则，根据《企业会计准则第 4 号——固定资产应用指南》第一条第二款：“已达到预定可使用状态但尚未办理竣工决算的固定资产，应当按照估计价值确定其成本，并计提折旧；待办理竣工决算后，再按实际成本调整原来的暂估价值，但不需要调整原已计提的折旧额”的规定，不追溯调整折旧额，但调整该固定资产计税基础，2017 年度计税基础为 180 万元。

《北京市西城区国家税务局金融企业 2010 年企业所得税汇算清缴资料》规定：“固定资产投入使用 12 个月后取得发票的，参照《企业会计准则》的规定，企业已达到预定可使用状态但尚未办理竣工决算的固定资产，应当按照估计价值确定其成本，并计提折旧；待办理竣工决算后再按实际成本调整原来的暂估价值，但不需要调整原已计提的折旧额。因此，对于固定资产投入使用 12 个月后取得发票的，调整该项固定资产的计税基础，但不需要调整原已计算扣除的折旧额，其以后年度的折旧按调整后的计税基础减已提取折旧额后的资产净值计算。”

▶▶ **观点四：不调折旧，不调计税基础**

国税函〔2010〕79 号文件第五条规定“该项调整应在固定资产投入使用后 12 个月内进行”，因此，超过 12 个月取得发票折旧不能调减，也不能调整固定资产计税基础。

《青岛市国家税务局关于 2010 年度企业所得税汇算清缴若干问题的

公告》（青岛市国家税务局公告2011年第1号）规定："未取得全额发票的固定资产投入使用后可以按照合同金额暂估并计提折旧，企业应当在12个月内取得发票，如果发票金额与合同金额不一致的且跨年度的，应在发票取得当年按实际成本调整原来的暂估价值，但不需要调整原已计提的折旧额。对超过12个月仍未取得全额发票的固定资产，不得继续计提折旧，已计提的折旧额应当在12个月期满的当年度全额进行纳税调增。"

解　析

折旧争议的焦点在于，国税函〔2010〕79号文件第五条只规定了12个月内取得发票可以调整固定资产计税基础计提折旧，那么，反推可知12个月后取得发票就不能调整固定资产计税基础计提折旧，但国家税务总局公告2012年第15号第六条又规定了可以追溯扣除。是按照新法优于旧法可以追溯扣除，还是按照特别法优于一般法不能追溯扣除？

计税基础争议的焦点在于，"该项调整应在固定资产投入使用后12个月内进行"，反推可知，该项调整不能在固定资产投入使用后12个月后进行。这里"不能调整的计税基础"是指12个月后取得发票对应所属期的计税基础，还是12个月后取得发票当年及以后的计税基础？一般来说，若允许对折旧追溯调整，自然要调整发票对应所属期的计税基础，否则折旧从何而来？

笔者比较认同"不调整折旧，调整计税基础"的观点。国税函〔2010〕79号文件第五条是对未取得发票固定资产的特殊规定，若12个月后取得发票，不能追溯调整折旧，对"该项调整应在固定资产投入使用后12个月内进行"反向理解，可理解为不能调整12个月后取得发票对应所属期的计税基础（即不能调整2016年度计税基础），但可以调整12个月后取得发票当年及以后的计税基础（即调整2017年度计税基础为180万元），与会计账面价值形成的差异在固定资产处置时弥合。

结　论

建议咨询主管税务机关。

争议 72
资产评估增值是否缴纳企业所得税

某企业是一家民营企业，在上市过程中发生资产评估增值，并按照评估后的资产价值计提折旧。那么，该企业资产评估增值部分是否缴纳企业所得税？应按照原值还是评估价值计提折旧或摊销？

▶▶ 正方：资产评估增值应缴纳企业所得税，按照增值后的价值计算折旧或摊销

企业资产评估增值，应就增值部分缴纳企业所得税，并按照增值后的价值计算折旧或摊销。

▶▶ 反方：资产评估增值不缴纳企业所得税，按照原值计算折旧或摊销

因企业的资产按照历史成本确认，故资产评估增值不缴纳企业所得税，仍按照原值计算折旧或摊销。

解　析

《企业所得税法实施条例》第五十六条规定：“企业的各项资产，包括固定资产、生物资产、无形资产、长期待摊费用、投资资产、存货等，以历史成本为计税基础。前款所称历史成本，是指企业取得该项资产时实际发生的支出。”

因此，企业的资产应以历史成本法核算，即增值部分不缴纳企业所得税，但须按照资产原值计提折旧或摊销。

税法上对国有企业改制上市、全民所有制企业公司制改制有明确的政策规定。

《财政部 国家税务总局关于企业改制上市资产评估增值企业所得税处理政策的通知》（财税〔2015〕65 号）规定，国有企业改制上市过程中发生的资产评估增值，应缴纳的企业所得税可以不征收入库，作为国家投资直接转增该企业国有资本金（含资本公积，下同），同时，经确认的评估增值资产，可按评估价值入账并按有关规定计提折旧或摊销，在计算应纳税所得额时允许扣除。即评估增值不交税，按评估增值后的价值计提折旧或摊销。

《国家税务总局关于全民所有制企业公司制改制企业所得税处理问题的公告》（国家税务总局公告 2017 年第 34 号）规定，全民所有制企业改制为国有独资公司或者国有全资子公司，改制中资产评估增值不计入应纳税所得额；资产的计税基础按其原有计税基础确定；资产增值部分的折旧或者摊销不得在税前扣除。即评估增值不交税，但按原计税基础计提折旧或摊销。

若某企业不是上述范围内的企业，能否为了税会一致而为资产评估增值缴税呢？

我们来比较一下，看资产评估增值交与不交企业所得税有何区别。

一是历史成本法。举例说明如下：

甲公司上市过程中发生资产评估增值，其中固定资产计税基础为1 000万元，评估价值为2 000万元，尚可使用年限为10年，每年会计上计提的折旧额为200万元（2 000/10），可以税前扣除的折旧额为100万元（1 000/10），每年调增100万元，缴纳企业所得税25万元（100×25%），10年合计缴纳企业所得税250万元。

二是评估价值法。同上例，甲公司就该资产评估增值部分缴纳企业所得税250万元［（2 000–1 000）×25%］，该固定资产计税基础变为2 000万元，会计上计提的折旧额与可以税前扣除的折旧额相同，不用调整。

可见，两种方法下的应纳税额是相同的，但是这两种方法各有利弊。历史成本法符合税法规定，但每年均须进行纳税调整，增加企业负担和税务机关后续监管成本，但是减轻了企业的资金压力；评估价值法虽无明确政策支撑，但保持了税会一致，对企业来说减轻了每年进行纳税调整的负担，但一次性纳税增加了资金压力，对税务机关来说税款可提前入库。

结　论

如无特殊政策，资产评估增值不缴纳企业所得税，但须按照资产原值计提折旧或摊销。

争议 73 交易费用是否计入交易性金融资产计税基础

2016 年 8 月，甲公司支付价款 106 万元从二级市场购入乙公司发行的股票 10 万股，每股价格 10.60 元（含已宣告但尚未发放的现金股利 0.60 元），另支付交易费用 1 000 元。甲公司将持有的乙公司股权划分为交易性金融资产，且持有乙公司股权后对其无重大影响。会计处理如下：

借：交易性金融资产——成本	1 000 000	
应收股利	60 000	
投资收益	1 000	
贷：银行存款		1 061 000

该交易性金融资产入账价值为 100 万元，计税基础是 100.1 万元还是 100 万元？即，购买交易性金融资产发生的交易费用是否计入交易性金融资产计税基础？

▶▶ 正方：购买交易性金融资产发生的交易费用计入交易性金融资产计税基础

《企业所得税法实施条例》第五十六条规定："企业的各项资产，包括固定资产、生物资产、无形资产、长期待摊费用、投资资产、存货等，以历史成本为计税基础。前款所称历史成本，是指企业取得该项资产时实际发生的支出。”会计上将交易费用计入本期损益，而税法上将其计入投资资产的计税基础，不能直接税前扣除，应做纳税调增处理。因此，该交易性金融资产计税基础是 100.1 万元。

▶▶ 反方：购买交易性金融资产发生的交易费用不计入交易性金融资产计税基础

根据《企业所得税法实施条例》第七十一条“投资资产按照以下方法确定成本：（一）通过支付现金方式取得的投资资产，以购买价款为成本”的规定，交易费用不属于购买价款，不计入交易性金融资产计税基础，没有税会差异。该交易性金融资产计税基础是 100 万元。

解　析

几乎所有教科书都认为此处存在税会差异，购买交易性金融资产发生的交易费用在会计上记入“投资收益”科目的借方，影响损益，但在税法上应计入交易性金融资产计税基础，做纳税调增处理，填入 A105000《纳税调整项目明细表》第 6 行“交易性金融资产初始投资调整”第 3 列“调增金额”。

《企业所得税法实施条例》第五十六条规定，企业取得该项资产时实际发生的支出是计税基础。实际支出是购买价款和交易费用；相反，该条例第七十一条规定，通过支付现金方式取得的投资资产，以购买价款为成本。企业购买交易性金融资产的价款是购买价款，交易费用不是购买价款。上述第五十六条是资产的一般性条款，第七十一条是投资资产的特殊性条款，按照特别法优于一般法的原则，在确认投资资产的计税基础时，适用第七十一条。如此，企业购进交易性金融资产税会无差异。若无差异，A105000《纳税调整项目明细表》第6行也就没有用处了。

那么问题来了，交易性金融资产税会无差异，其他金融资产税会有差异了。

根据《企业会计准则》，可供出售金融资产、持有至到期金融资产和长期股权投资相关交易费用计入初始投资成本。原来税会无差异，现在若相关税费不能计入短期投资的计税基础，则应做纳税调减处理。

《小企业会计准则》第八条规定："短期投资应当按照以下规定进行会计处理：（一）以支付现金取得的短期投资，应当按照购买价款和相关税费作为成本进行计量。"

《小企业会计准则》要求短期投资按照购买价款和相关税费作为成本，原来税会无差异，现在若相关税费不能计入短期投资的计税基础，则应做纳税调减处理。

笔者认为，这件事说起来不难，但实际操作中很烦琐，交易性金融资产快进快出，其时间性差异较短，准确核算不应税前扣除的交易费用征管成本较大，没有税会差异有利于减轻税企双方的负担，但同时又增加了小企业和其他金融资产纳税调整的负担。

交易费用虽然不属于购买价款，但属于购买金融资产时必须支付的费用，将其作为购买价款，也未尝不可。

结 论

建议咨询主管税务机关。

争议 74
已宣告未发放的应收股利是否计入交易性金融资产计税基础

沿用争议 73 中的案例，仍认为交易费用应计入交易性金融资产计税基础，该计税基础是 100.1 万元还是 106.1 万元？根据《企业所得税法实施条例》第七十一条“投资资产按照以下方法确定成本：（一）通过支付现金方式取得的投资资产，以购买价款为成本”的规定，会计上计入投资收益借方的交易费用不能税前扣除，但应收股利是否计入交易性金融资产计税基础存在争议。

▶▶ 正方：已宣告未发放的应收股利应计入交易性金融资产计税基础

根据《企业所得税法实施条例》第七十一条的规定，企业购买价款为 106.1 万元，交易性金融资产的计税基础就是 106.1 万元。

▶▶ 反方：已宣告未发放的应收股利不计入交易性金融资产计税基础

已宣告尚未发放的股息相当于投资企业垫付的款项，被投资企业实际发放时再返给投资企业，因此垫付的款项不包括在购买价款内。

解　析

几乎所有教科书都认为，根据《企业所得税法实施条例》第七十一条，该交易性金融资产的购买价款为100.1万元，调增1 000元，即交易费用1 000元应计入交易性金融资产计税基础。但已宣告尚未发放的现金股利6万元不计入交易性金融资产计税基础，也不做纳税调整。理由是已宣告尚未发放的股息相当于投资企业垫付的款项，被投资企业实际发放时再返给投资企业，因此垫付的款项不包括在购买价款内。

假设甲公司购进该交易性金融资产10日后收到该现金股利，会计处理如下：

借：银行存款　　　　60 000

　贷：应收股利　　　　60 000

相当于甲公司购买该交易性金融资产的价款为：106.1−6=100.1（万元）。

但《企业所得税法实施条例》第七十一条明确规定："通过支付现金方式取得的投资资产，以购买价款为成本。"企业购买价款为106.1万元，尽管企业迟早会收到已宣告但尚未发放的现金股利，但其只是收到一笔应收股利，不能冲减其购买价款。购买价款是买方支付给卖方的价款，甲公司支付了106.1万元取得10万股股票的所有权，计税基础就应为106.1万元，调增应纳税所得额6.1万元。

应收股利不计入交易性金融资产计税基础还有另一个理由。《国家税务总局关于贯彻落实企业所得税法若干税收问题的通知》（国税函〔2010〕79号）第四条规定："企业权益性投资取得股息、红利等收入，应以被投资企业股东会或股东大会作出利润分配或转股决定的日期，确定收入的实现。"被投资企业已经宣告发放现金股利，按照国税函〔2010〕79号文件第四条规定，持有该交易性金融资产的企业（即上家）应确认股息、红利收入的实现，现持有该交易性金融资产的企业（即下家，本例中的甲公司）实际取得该应收股利时不应再缴税，否则将造成重复缴纳。

其实，无论应收股利是否计入交易性金融资产计税基础，企业均须对该应收股利缴税，只是有先缴与后缴的区别。

接上述案例，若甲公司以120万元的价格将该交易性金融资产转让，会计处理如下：

借：银行存款　　　　　　　　　　　　　　1 200 000

　贷：交易性金融资产——成本　　　　　　　　1 000 000

　　投资收益　　　　　　　　　　　　　　　　200 000

按照交易性金融资产计税基础为100.1万元计算，调增0.1万元；该交易性金融资产转让的税收金额为19.9万元（120–100.1），调减0.1万元（20–19.9）。该交易性金融资产合计纳税调整为：0.1–0.1=0。

按照交易性金融资产计税基础为106.1万元计算，调增6.1万元；该交易性金融资产转让的税收金额为13.9万元（120–106.1），调减6.1万元（20–13.9）。该交易性金融资产合计纳税调整为：6.1–6.1=0。

由此可以看出，无论应收股利是否计入交易性金融资产计税基础，整体纳税调整结果是一样的，但如果计入会加大纳税调整的难度。

如此纳税调整的缺陷是：借方的投资收益影响损益，而应收股利不影响损益，不应纳税调整，但这样会导致交易性金融资产计税基础扩大。虽然按照上述纳税调整可弥补差异，但在确认计税基础阶段就做纳税调整政策依据不足。而根据A105000《纳税调整项目明细表》第6行“交易性金融资产初始投资调整”第3列“调增金额”填报说明“填报纳税人根据税法规定确认交易性金融资产初始投资金额与会计核算的交易性金融资产初始投资账面价值的差额"，又没有说明这个差额到底是什么，是否也是可以的？

结　论

目前，实务中通行的做法是购进交易性金融资产时，已宣告未发放的应收股利不计入该交易性金融资产计税基础。

争议 75
国有资产无偿划拨是否缴纳企业所得税

国有企业改革中，在省国资委的主导下，甲国有企业将其持有100% 股权的乙公司划转给丙国有企业，甲公司如何进行税收处理？

▶▶ 正方：甲公司按照视同销售处理

甲公司划转股权符合视同销售规定，应当视同销售缴纳企业所得税。

▶▶ 反方：甲公司不应视同销售处理

甲公司是在国资委行政命令下划转股权的，没有经济利益流入，不应当视同销售缴纳企业所得税。

解　析

在地方政府或国资委主导下的无偿资产划拨问题争议已久，对企业征税，企业感到委屈，又不是我想划拨的，是政府命令我划拨的。集团公司间的无偿划拨也存在同样问题。

《财政部 国家税务总局关于促进企业重组有关企业所得税处理问题

的通知》(财税〔2014〕109号)规定:“对100%直接控制的居民企业之间,以及受同一或相同多家居民企业100%直接控制的居民企业之间按账面净值划转股权或资产……”这解决了集团公司间无偿划拨的问题。由于国资委不是居民企业,因此不适用该文件。《国家税务总局关于企业所得税应纳税所得额若干问题的公告》(国家税务总局公告2014年第29号)第一条的规定解决了政府主导下的无偿划拨划入资产企业的问题,但没有解决划出资产企业的问题。

《国家税务总局关于企业处置资产所得税处理问题的通知》(国税函〔2008〕828号)第二条规定:“企业将资产移送他人的下列情形,因资产所有权属已发生改变而不属于内部处置资产,应按规定视同销售确定收入。”国有企业无偿划出股权,股权所有权属已发生改变,应当视同销售。《国家税务总局关于企业所得税有关问题的公告》(国家税务总局公告2016年第80号)第二条规定:“企业发生《国家税务总局关于企业处置资产所得税处理问题的通知》(国税函〔2008〕828号)第二条规定情形的,除另有规定外,应按照被移送资产的公允价值确定销售收入。”若该股权公允价值较大,企业将缴纳巨额企业所得税,不利于国有企业改革,而且企业没有现金流入,却要用现金缴税,会导致资金流困难。

结 论

在现行政策下,企业在政府主导下无偿划出股权,应当视同销售。

争议 76
对赌协议股权受让方收取的补偿是否计入收入

甲公司收购乙公司持有的丙公司 80% 股权。双方约定，在外部环境和企业内部经营管理方式等与收购前基本一致的情况下，如果丙公司在三年后，扣除非经常性损益后的净利润达不到 5 000 万元，乙公司需要按实际净利润额与 5 000 万元之间的差额向甲公司支付业绩补偿。反之，如果丙公司在三年后，扣除非经常性损益后的净利润超过 5 000 万元，甲公司应将实际净利润额超过 5 000 万元部分中的 20% 向乙公司返还。

第三年，外部环境和企业内部经营管理方式未发生重大变化，丙公司扣除非经常性损益后的净利润只有 4 000 万元，乙公司按照对赌协议的约定，向甲公司支付了 1 000 万元补偿款。

甲、乙公司应如何进行税务处理？

▶▶ 正方：对赌协议中，由于对赌条件没有达到，股权受让方收取的补偿应计入收入

根据《企业所得税法》第六条“企业以货币形式和非货币形式从各种来源取得的收入，为收入总额”的规定，甲公司确认收入 1 000 万元。

根据《企业所得税法》第八条“企业实际发生的与取得收入有关的、合理的支出，包括成本、费用、税金、损失和其他支出，准予在计算应纳税所得额时扣除”的规定，乙公司确认支出 1 000 万元。

▶▶ 反方：对赌协议中，由于对赌条件没有达到，股权受让方收取的补偿应调整投资成本

乙向甲公司支付的 1 000 万元是对前期股权转让的调整，双方不确认收入、支出，而是减少甲公司股权投资的成本，减少乙公司的转让收入。

解　析

对赌协议（Valuation Adjustment Mechanism），即估值调整协议，是投资方与融资方在达成协议时双方对于未来不确定情况的一种约定。如果约定的条件出现，投资方可以行使一种估值调整协议权利；如果约定的条件不出现，则由融资方行使一种权利。其核心规定是，以目标公司是否可以实现某种业绩为标的，做出正反两种或然性的约定。就股权转让而言，当协议目标实现时，受让方将继续持有股份，转让方分得投资带来的高额回报；相反，若协议目标没有实现，则转让方需对受让方做出补偿。

这就相当于当初股权受让方多花钱买了，股权转让方多收钱卖了，现在予以调整。该案例中，甲公司取得的 1 000 万元补偿款，是对原有投资成本的调整，相当于当初收购股权时多花了 1 000 万元，调减对丙公司的长期股权投资成本 1 000 万元，不需要缴纳税款；乙公司支付的补偿款，是对原有股权价格高估确认转让财产所得的调整，相当于当初出售股权时多收了 1 000 万元，应调减相关损益。因此，在乙公司支付 1 000 万元的补偿款时，应认为是其股权转让年度多缴纳了企业所得税，可申请退税或结转以后年度予以抵扣。

我们可以参考《海南省地方税务局关于对赌协议利润补偿企业所得税相关问题的复函》（琼地税函〔2014〕198 号）对海南航空股份有限公司的答复："依据《中华人民共和国企业所得税法》及《中华人民共和国企业所得税法实施条例》关于投资资产的相关规定，你公司在该对赌协议中取得的利润补偿可以视为对最初受让股权的定价调整，即收到利润补偿当年调整相应长期股权投资的初始投资成本。"

上例是未达到对赌条件，若达成对赌条件又该如何处理？

假设，第三年，外部环境和企业内部经营管理方式未发生重大变化，丙公司扣除非经常性损益后的净利润有 8 000 万元，甲公司按照对赌协议的约定，向乙公司支付了 600 万元收益金。

同理，相当于当初股权受让方少花钱买了，股权转让方少收钱卖了，现在予以调整。甲公司支付 600 万元的收益金，是对原有投资成本的调整，相当于当初收购股权时少花了 600 万元，调增对丙公司的长期股权投资成本 600 万元，不能在当期税前扣除；乙公司收取的收益金，是对原有股权价格低估确认转让财产所得的调整，相当于当初出售股权时少收了 600 万元，应调增相关损益。因此，在乙公司收取 600 万元的收益金时，应认为是其股权转让年度少缴纳了企业所得税，增加了股权转让年度的应纳税所得额。

此处的争议在于补缴以前年度税款所产生的滞纳金问题。由于乙公司在股权转让当年无法预见以后年度是否会调增，其并非故意少申报股权转让收入，待对赌条件实现后调整以前年度申报，由此产生的滞纳金恐怕又会引发争议。

结　论

基于对赌协议取得的利润补偿，是对最初受让股权的定价调整，收到利润补偿当年调整相应长期股权投资的初始投资成本。

争议 77
对赌时间未到股权转让协议是否生效

甲公司与乙公司签订协议，转让其持有的丙公司 100% 股权，转让价格 10.5 亿元，并约定，如果三年内丙公司不能上市，甲公司应按照原价回购股权。该股权已于 2017 年 10 月完成工商登记变更。甲公司是否应于 2017 年缴纳股权转让企业所得税？

▶▶ 正方：对赌协议中的股权转让协议已经生效

《国家税务总局关于贯彻落实企业所得税法若干税收问题的通知》（国税函〔2010〕79 号）第三条规定："企业转让股权收入，应于转让协议生效、且完成股权变更手续时，确认收入的实现。转让股权收入扣除为取得该股权所发生的成本后，为股权转让所得。"甲公司符合股权转让收入确认条件，应确认股权转让所得，缴纳企业所得税。

▶▶ 反方：对赌协议中的股权转让协议尚未生效

整个对赌协议是一个合同，转让股权时是否真正转让了股权得看第三年丙公司是否上市，是个不确定事项，合同尚未生效，不符合国税函

〔2010〕79 号文件第三条规定。因此，甲公司转让股权时不能确认股权转让所得。

解　析

股权转让收入确认的条件由国税函〔2010〕79 号文件第三条明确。转让协议生效和完成股权变更手续，是“且”的关系，即两者必须同时满足，只要有一个不满足就不能确认股权转让收入的实现。“完成股权变更手续”一般以工商登记为准，但何为“转让协议生效”有时存在争议。

根据《中华人民共和国合同法》的规定，合同生效的条件包括：一是依法成立的合同，自成立时生效。这是合同生效时间的一般规定，即如果没有法律、行政法规的特别规定和当事人的约定，合同成立的时间就是合同生效的时间。二是法律、行政法规规定应当办理批准、登记等手续生效的，自批准、登记时生效。三是双方当事人在合同中约定合同生效时间的，以约定为准。附生效条件的合同，自条件成立时生效。

甲公司与乙公司签订的协议包括两部分——转让丙公司股权及如果三年后丙公司不能上市甲公司应按照原价回购股权。转让丙公司股权部分已经生效，且在工商局完成股权变更手续，完全符合国税函〔2010〕79 号文件第三条规定的“转让协议生效”条件，至于三年之后的事情，与此次股权转让无关。因此，应于 2017 年确认股权转让收入，计算股权转让所得。

结　论

对赌过程中，股权转让完成即应缴纳企业所得税。

争议 78
非直接相关对赌协议的业绩补偿款能否税前扣除

甲公司要求子公司乙收购丙公司，向乙公司承诺，若未来丙公司净利润达不到 5 000 万元，甲公司按实际净利润额与 5 000 万元之间的差额向乙公司支付业绩补偿。那么，收到业绩补偿款的乙公司和支付业绩补偿款的甲公司应如何进行税务处理？

（1）乙公司。

▶▶ 正方：乙公司收取的业绩补偿款应调整投资成本

如争议 76 所述，对赌协议中，股权受让方收取的补偿款应调整投资成本。

▶▶ 反方：乙公司收取的业绩补偿款应计入收入

乙公司收到的业绩补偿款，并非来自丙公司的原股东，而是来自与股权交易没有关系的母公司，因此应当计入应税收入。

（2）甲公司。

▶▶ 正方：甲公司支付的业绩补偿款属于违约金可以税前扣除

甲公司向乙公司承诺丙公司业绩达到一定要求，但没有达到，甲公司违约，其支付给乙公司的业绩补偿款属于违约金性质，可以税前扣除。

▶▶ 反方：甲公司支付的业绩补偿款不能税前扣除

业绩补偿款是甲公司对丙公司没有达到业绩要求对乙公司的补偿，属于与甲公司取得收入无关的支出，不能税前扣除。

解　析

传统（直接涉及股权）的对赌协议是：甲公司把持有的丙公司股权卖给乙公司，向乙公司承诺未来丙公司的业绩达到某一金额，若达不到则甲公司给乙公司补偿。这个业绩补偿款乙公司不做收入，调减长期股权投资成本，甲公司调减股权转让收入，申请退税。

非传统（不直接涉及股权）的对赌协议是：甲公司要求子公司乙收购丙公司，向乙公司承诺未来丙公司的业绩达到某一金额，若达不到则甲公司给乙公司补偿。

对于收取业绩补偿款的乙公司来说，争议点在于这种非传统的对赌协议能否与传统的对赌协议一样，不确认收入，而是减少对丙公司的投资成本。如果可以减少对丙公司的投资成本，相当于用甲公司给的钱，来冲减支付给别人的钱买来的股权成本，逻辑上不顺。

对于支付业绩补偿款的甲公司来说，甲公司并不是丙公司的原股东，因此肯定不能如传统对赌协议般调减股权转让收入，因此，如何界定该业绩补偿款的性质极为重要。甲公司并不是股权交易的实际参与方，在这个对赌协议中，甲公司为了鼓励乙公司收购丙公司，为丙公司盈利能力打保票，相当于就一件与自己不直接相关的事情打赌，最后赌输了赔钱。违约金是违反约定支付的款项，但这个款项若与支付方取得收入不相关，也不能税前扣除，否则企业之间可以就任务事情打赌，赌输的都属于违约。

结　论

对于不涉及股权的对赌协议业债补偿款能否税前扣除，建议咨询主管税务机关。

争议 79
代持股如何缴纳企业所得税

甲公司出资 1 000 万元成立乙公司，出于种种原因，甲公司让丙公司作为工商登记上的乙公司投资方，代其持有乙公司股权。甲公司与丙公司签订协议约定：“指定股权不属于受托方（丙公司）自有财产，仅作为乙公司名义上的股东，不享有因持股而产生的相应股东权益，亦不承担相应的亏损和责任。股东权利和义务均由委托方（甲公司）享有并承担。”两年后，甲公司将乙公司股权以 3 000 万元的价格转让给丁公司。那么，该股权转让收益是对甲公司征税，还是对丙公司征税?

▶▶ 正方：对实际股东征税

名义股东并未实际出资，股权转让也与其无关，应对实际出资人，即实际股东征税。

▶▶ 反方：对名义股东征税

工商登记上乙公司的股东是丙公司，按照登记主义原则，应对名义股东征税。

解　析

实际股东由于种种原因不方便出面，由名义股东代持股权，这种现象很常见。《国家税务总局关于企业转让上市公司限售股有关所得税问题的公告》（国家税务总局公告 2011 年第 39 号）解决了“因股权分置改革造成原由个人出资而由企业代持有的限售股”这一问题，企业转让代个人持有的限售股取得的收入，作为企业应税收入计算纳税。但是，对于非限售股的代持股股权转让，没有明确规定。

目前，主要有以下两个争议：

纳税主体是谁

即应当对谁征税，是对实际股东征税，还是对名义股东征税。在实际股东、名义股东与第三人之间的法律关系中，应按照形式主义规则，确认名义股东具有股东身份，承担股东责任，认定名义股东对公司以外第三人享有权利、履行义务。实际股东与名义股东签订的协议只对协议双方有效，不能对抗第三方。《最高人民法院关于适用〈中华人民共和国公司法〉若干问题的规定（三）》（法释〔2011〕3 号）第二十七条规定：“公司债权人以登记于公司登记机关的股东未履行出资义务为由，请求其对公司债务不能清偿的部分在未出资本息范围内承担补充赔偿责任，股东以其仅为名义股东而非实际出资人为由进行抗辩的，人民法院不予支持。名义股东根据前款规定承担赔偿责任后，向实际出资人追偿的，人民法院应予支持。”在本案中，税务机关即是第三方，有权对名义股东征税，名义股东有纳税义务。这与转让限售股的规定也是一致的。上例中，应当对丙公司征税。

是否还要对实际股东征税

以丙公司为纳税主体，根据《国家税务总局关于贯彻落实企业所得税法若干税收问题的通知》（国税函〔2010〕79号）第三条"企业转让股权收入，应于转让协议生效、且完成股权变更手续时，确认收入的实现。转让股权收入扣除为取得该股权所发生的成本后，为股权转让所得"的规定，丙公司应确认股权转让收入3 000万元，扣除股权转让成本1 000万元，得到股权转让收益2 000万元，应缴纳企业所得税500万元。

那么，对实际股东甲公司是否还要征收股权转让企业所得税？

在转让限售股事项中，名义股东"完成纳税义务后的限售股转让收入余额转付给实际所有人时不再纳税"，但是，对于非限售股没有规定。若征税，会造成重复征税；若不征税，没有政策依据。

《国家税务总局稽查局关于2017年股权转让检查工作的指导意见》（税总稽便函〔2017〕165号）第五条第二款规定："对代持股票转让的营业税征收以及企业之间代持股票转让的企业所得税征收，应按其法定形式确认纳税主体，以代持方为纳税人征收营业税及所得税，如委托方已将收到的转让款缴纳了营业税及所得税，且两方所得税又无实际税负差别的，可以不再向代持方追征税款。"

按照国家税务总局稽查局的指导意见，转让代持股的纳税主体是名义股东，若实际股东已经缴税且双方无实际税负差别，则不再向代持方追征税款。

结　论

转让代持股的纳税主体是名义股东，对名义股东征税。

争议 80
企业资产损失没有申报能否税前扣除

河北省国税局稽查局在对某电厂例行检查过程中发现，该电厂购进的燃料煤发生了一些损耗，2011 年和 2012 年共发生损耗 2 247 万元，会计将这些损耗直接列支生产成本并在企业所得税前做了扣除。检查组根据《国家税务总局关于印发〈企业资产损失所得税税前扣除管理办法〉的公告》（国家税务总局公告 2011 年第 25 号）第五条“企业发生的资产损失，应按规定的程序和要求向主管税务机关申报后方能在税前扣除。未经申报的损失，不得在税前扣除”的规定，要求企业补缴税款 561.8 万元。[1]

▶▶ 正方：企业资产损失没有申报补充申报后可以税前扣除

《国家税务总局关于税务行政审批制度改革若干问题的意见》（税总发〔2014〕107 号）第三条第十一款规定：“实施备案管理的事项，纳税

---

[1] 苗丽晓，陈军，李长江．这 560 万元税款该不该缴？[N]．中国税务报，2015-12-29（B3）．

人等行政相对人应当按照规定向税务机关报送备案材料，税务机关应当将其作为加强后续管理的资料，但不得以纳税人等行政相对人没有按照规定备案为由，剥夺或者限制其依法享有的权利、获得的利益、取得的资格或者可以从事的活动。纳税人等行政相对人未按照规定履行备案手续的，税务机关应当依法进行处理。”

备案是比申报更严格的核准类事项，按照税总发〔2014〕107号文件的规定，即使纳税人未备案，其合法权利也不因此而被剥夺，更何况是未按规定方式申报呢？本案中，电厂未按规定申报清单，但燃煤损失已实际发生，属于法定的税前扣除项目，税务机关不得因此而剥夺其依法享有的税前扣除权利。

审理部门却否定了检查组的意见，该企业不用补缴税款。

▶▶反方：企业资产损失没有申报不能税前扣除

“备案是比申报更严格的核准类事项”的说法十分不严谨，备案与申报是税务机关针对纳税人不同行为的不同管理方式，不能说哪一个更严格。在本案中，审理部门引用税总发〔2014〕107号文件中关于备案的规定，认为纳税人虽然未对存货日常损耗进行清单申报但是也可以在企业所得税前扣除，混淆了备案与申报的关系。

税总发〔2014〕107号文件是行政审批改革的特殊历史时期出现的指导性文件，其明确指出不能以事前备案的形式变相审批，但是存货日常损耗的清单申报既不是审批事项也不是备案事项，所以不能将税总发〔2014〕107号文件作为判定依据。[1]

[1] 资料来源：网上关于《这560万元税款该不该缴？》一文的反对意见。

解 析

笔者认为，首先，《企业所得税法》第八条规定："企业实际发生的与取得收入有关的、合理的支出，包括成本、费用、税金、损失和其他支出，准予在计算应纳税所得额时扣除。"《企业所得税法实施条例》第三十二条规定："企业所得税法第八条所称损失，是指企业在生产经营活动中发生的固定资产和存货的盘亏、毁损、报废损失，转让财产损失，呆账损失，坏账损失，自然灾害等不可抗力因素造成的损失以及其他损失。"因此，如果企业真实发生了符合税法规定的资产损失可以税前扣除，从税法中无法推导出企业的真实支出没有履行相关程序就不能税前扣除的规定。

其次，根据国家税务总局公告 2011 年第 25 号第五条的规定，企业的资产损失未经申报，不得在税前扣除，但该公告并未规定企业不能补充申报。

最后，虽然税总发〔2014〕107 号文件说的是备案，但是，企业资产损失税前扣除是企业的利益，税务机关不能因为企业没有申报，就剥夺企业依法获得的利益，而且政策又未规定企业不能补充申报。因此，企业资产损失没有申报的可以补充申报。

有人担心，如果这样处理，企业就会有恃无恐，不按期申报也无所谓了。其实不然，对企业未按期申报有处罚措施。《中华人民共和国税收征收管理法》第六十二条规定："纳税人未按照规定的期限办理纳税申报和报送纳税资料的，或者扣缴义务人未按照规定的期限向税务机关报送代扣代缴、代收代缴税款报告表和有关资料的，由税务机关责令限期改正，可以处二千元以下的罚款；情节严重的，可以处二千元以上一万元以下的罚款。”

企业资产损失不按期申报，税务机关虽不能剥夺企业补充申报的权利，但可以予以处罚。

结　论

企业发生的资产损失如未申报不能税前扣除，经补充申报后才能税前扣除。

争议 81
资产损失是否一定是在会计上已作损失处理的年度申报扣除

甲公司 2016 年末发生一笔资产损失，2017 年在会计上作损失处理，并在 2017 年度申报扣除，这样处理是否正确？

乙公司 2017 年末发生一笔股权转让损失，并在会计上作损失处理，2018 年初完成工商登记变更，在 2017 年度申报扣除，这样处理是否正确？

▶▶ 正方：资产损失一定是在会计上已作损失处理的年度申报扣除

《国家税务总局关于印发〈企业资产损失所得税税前扣除管理办法〉的公告》（国家税务总局公告 2011 年第 25 号）第四条规定："企业实际资产损失，应当在其实际发生且会计上已作损失处理的年度申报扣除；法定资产损失，应当在企业向主管税务机关提供证据资料证明该项资产已符合法定资产损失确认条件，且会计上已作损失处理的年度申报扣除。"因此，企业实际发生的资产损失在会计上已作损失处理的年度申报扣除。

▶▶ 反方：资产损失不一定是在会计上已作损失处理的年度申报扣除

若企业会计处理不正确或存在税会差异，则在资产损失发生的年度税前扣除。

解　析

国家税务总局公告2011年第25号第四条规定，在会计上已作损失处理的年度申报扣除。但是，这要看会计处理得对不对。若只看会计上资产损失计在哪年就在哪年税前扣除，则企业调节应纳税所得额的空间太大。例如，甲公司2016年度享受税收优惠，2017年度不再享受，把2016年度实际发生的资产损失在会计上计在2017年度，在2017年度申报扣除，减少2017年度应纳税所得额，人为调节应纳税所得额，这是不允许的。

乙公司的股权转让2018年初完成工商登记变更，按照国税函〔2010〕79号文件第三条规定："企业转让股权收入，应于转让协议生效、且完成股权变更手续时，确认收入的实现"，乙公司2018年才能确认股权转让收入，资产损失自然要在2018年确认。

实际发生与会计上已作损失处理两者必须同时符合，乙公司实际发生损失在2017年，会计上在2016年已作损失处理，那么两者同时符合必然是孰后，即2017年度。

结　论

企业实际发生的资产损失在会计上已作损失处理的年度申报扣除，若会计上处理不正确或存在税会差异，应按照资产损失实际发生的年度税前扣除。

争议 82
错误转出的进项税额能否计入资产损失金额

甲公司因火灾损失货物一批，成本 20 万元，会计处理如下：

借：营业外支出　　234 000

　贷：库存商品　　200 000

　　应交税费——应交增值税（进项税额转出）　　34 000

《中华人民共和国增值税暂行条例》第十条规定："下列项目的进项税额不得从销项税额中抵扣：……（二）非正常损失的购进货物及相关的应税劳务"。《中华人民共和国增值税暂行条例实施细则》第二十四条规定："条例第十条第（二）项所称非正常损失，是指因管理不善造成被盗、丢失、霉烂变质的损失。"火灾造成的损失不属于被盗、丢失、霉烂变质，不符合非正常损失条件，因此不是非正常损失，不用做进项税额转出。那么，甲公司多转出的进项税额能否税前扣除？

▶▶ 正方：错误转出的进项税额可以计入资产损失金额

即使企业将不应转出的进项税额转出，也是实际发生的损失，该转出的进项税额可以计入资产损失税前扣除。

▶▶ 反方：错误转出的进项税额不能计入资产损失金额

《财政部 国家税务总局关于企业资产损失税前扣除政策的通知》（财税〔2009〕57号）第十条规定："企业因存货盘亏、毁损、报废、被盗等原因不得从增值税销项税额中抵扣的进项税额，可以与存货损失一起在计算应纳税所得额时扣除。"甲公司因火灾转出的进项税额不属于"不得从增值税销项税额中抵扣的进项税额"，由于该进项税额不应转出，因此虚增了资产损失的金额，不能税前扣除。

解 析

笔者认为，企业将不必转出的进项税额转出，并缴纳了增值税，确实增加了资产损失金额，但这是企业真实发生的资产损失，应允许企业计入资产损失税前扣除。另外，企业将不必转出的进项税额转出，已经增加了其增值税负担，因此不宜再增加其企业所得税负担。

结 论

企业资产损失中转出的进项税额可以税前扣除。

争议 83
盈余公积转增股本是否作为投资方股息、红利收入

甲公司持有乙公司股票 10 000 股，每股票面价值 1 元。2016 年末，乙公司决定，每 10 股用资本公积转增股本 5 股，甲公司因此增加 5 000 股；每 10 股用盈余公积转增股本 3 股，甲公司因此增加 3 000 股。是否需要缴纳企业所得税？

《国家税务总局关于贯彻落实企业所得税法若干税收问题的通知》（国税函〔2010〕79 号）第四条第二款规定："被投资企业将股权（票）溢价所形成的资本公积转为股本的，不作为投资方企业的股息、红利收入，投资方企业也不得增加该项长期投资的计税基础。"因此，资本公积转增股本不作为投资方企业股息、红利收入，对这一点没有争议。那么，盈余公积转增股本是否作为投资方股息、红利收入？

▶▶ 正方：盈余公积转增股本应作为投资方企业股息、红利收入

盈余公积是从税后利润中提取的，相当于利润分配，应作为投资方股息、红利收入。

▶▶ **反方：盈余公积转增股本不作为投资方股息、红利收入**

盈余公积不是未分配利润，不是利润分配，不应作为投资方股息、红利收入。

解　析

《中华人民共和国公司法》（以下简称《公司法》）第一百六十八条规定："公司的公积金用于弥补公司的亏损、扩大公司生产经营或者转为增加公司资本。但是，资本公积金不得用于弥补公司的亏损。法定公积金转为资本时，所留存的该项公积金不得少于转增前公司注册资本的百分之二十五。"

根据《公司法》规定，资本公积和盈余公积都可以转增公司资本。但资本公积和盈余公积的性质是不一样的。

资本公积

资本公积，是企业收到投资者的超出其在企业注册资本（或股本）中所占份额的投资，以及直接计入所有者权益的利得和损失等。资本公积包括资本溢价（或股本溢价）和直接计入所有者权益的利得和损失等。资本公积转增股本投资方企业不缴纳企业所得税，不增加长期股权投资计税基础。因此，甲公司不必做税务处理。

盈余公积

《公司法》第一百六十六条规定："公司分配当年税后利润时，应当提取利润的百分之十列入公司法定公积金。公司法定公积金累计额为公司注册资本的百分之五十以上的，可以不再提取。公司的法定公积金不足以弥补以前年度亏损的，在依照前款规定提取法定公积金之前，应当先用当年利润弥补亏损。公司从税后利润中提取法定公积金后，经股东会或者股东大会决议，还可以从税后利润中提取任意公积金。”

所以，盈余公积是从税后利润中提取的，相当于利润分配，投资方应作为其股息、红利收入，符合条件的，作为免税收入，同时增加长期股权投资计税基础。乙公司应确认 3 000 元免税收入，并增加长期股权投资计税基础 3 000 元。

结 论

资本公积转增股本，不作为投资方股息、红利收入，也不增加该项长期投资的计税基础；盈余公积转增股本，作为投资方股息、红利收入，增加该项长期投资的计税基础。

ANALYSIS OF 100
CORPORATE INCOME TAX
Controversial Issues

04

税收优惠

争议 84
如何理解企业持有上市公司股票达到 12 个月

甲公司自 2016 年起多次买进卖出 A 上市公司公开发行的股票，2017 年 6 月，A 上市公司做出分红决议，甲公司获得股息收入 1 000 万元，并在 2017 年度汇算清缴中作为免税收入进行了纳税调减。时至今日，甲公司仍然持有 A 公司股票。

甲公司于 2017 年 8 月购买了 B 上市公司公开发行的股票，证监会规定该股票必须持有至少 12 个月才能转让，同年 12 月，B 上市公司做出分红决议，甲公司获得股息收入 2 000 万元，并在 2017 年度汇算清缴中作为免税收入进行了纳税调减。

甲公司于 2017 年 3 月购买了 C 上市公司公开发行的股票，同年 10 月，C 上市公司做出分红决议，甲公司获得股息收入 3 000 万元，并在 2017 年度汇算清缴中作为免税收入进行了调减。

甲公司于 2017 年 10 月购买了 D 上市公司公开发行的股票，同年 12 月，D 上市公司做出分红决议，甲公司获得股息收入 5 000 万元，并在 2017 年度汇算清缴中计入应纳税所得额。

目前甲公司尚未转让 B、C、D 公司股票。

（1）A公司股票的处理。

对于A公司股票，企业认为，其已经连续持有超过12个月，可以享受免税。但是，《企业所得税法实施条例》第八十三条规定：“企业所得税法第二十六条第（二）项和第（三）项所称股息、红利等权益性投资收益，不包括连续持有居民企业公开发行并上市流通的股票不足12个月取得的投资收益。”甲公司虽然一直持有该股票，但其间多次买进卖出，不属于“连续持有”，其取得的股息收入不属于免税收入，调增甲公司2017年度应纳税所得额1 000万元没有争议。

（2）B公司股票的处理。

对于B公司股票，企业认为，由于证监会规定该股票必须持有至少12个月才能转让，所以其持有期必然将超过12个月，符合税法规定。但是，虽然按照证监会规定其股票持有期肯定会超过12个月，但企业所得税按年核算，其享受免税优惠的2017年度汇算清缴结束时（2018年5月底）该股票实际持有期尚未超过12个月，不符合税法规定，因此其取得的股息收入不属于免税收入，调增甲公司2017年度应纳税所得额2 000万元没有争议。

（3）C公司股票的处理。

▶▶ 正方：截至12月31日，企业持有的C公司股票不足12个月，当年度不能免税

截至2017年12月31日，甲公司持有的C股票不足12个月，2017年度不能免税，调增应纳税所得额3 000万元。

▶▶ 反方：截至汇算清缴结束，企业持有的C公司股票已超过12个月，汇算年度可以免税

截至2018年5月31日汇算清缴结束，甲公司持有的C公司股票已超过12个月，2017年度可以免税，甲公司的处理没有问题。

（4）D公司股票的处理。

对于D公司股票，甲公司持有的D公司股票至汇算清缴结束时仍未超过12个月，不能免税，税企对此没有异议。到2018年10月，D公司股票已经持有达到12个月，甲公司认为之前已计入应纳税所得额的5 000万元股息收入可以确认为免税收入，申请退还多缴纳的税款或抵减以后年度应缴纳的税款。对此，又有两种观点。

▶▶ 正方：汇算清缴结束后，企业持有的D公司股票超过12个月，取得的股息、红利收入可以免税，但之前已确认为应税收入的股息、红利收入不能追溯确认免税

截至2017年度汇算清缴结束，甲公司持有的D公司股票未超过12个月，取得的股息、红利收入不能免税，超过12个月后取得的股息、红利收入可以免税，但之前已确认为应税收入的股息、红利收入不能追溯确认免税并退税或抵税。企业不符合相关条件不能享受税收优惠，什么时候符合条件什么时候才能享受，不能追溯。

▶▶ 反方：汇算清缴结束后，企业持有的D公司股票超过12个月，取得的股息、红利收入可以免税，之前已确认为应税收入的股息、红利收入可以追溯确认免税

截至2017年度汇算清缴结束，甲公司持有的D公司股票未超过12个月，取得的股息、红利收入不能免税，超过12个月后符合享受优惠条件，之前已确认为应税收入的股息、红利收入可以追溯确认免税并退税或抵税。

解 析

C公司股票的处理

争议双方的依据都是《企业所得税法实施条例》第八十三条，但是，12个月时点究竟在哪里？

笔者认同反方观点。此处没有明确规定，参考当年预提的费用在汇算清缴结束前实际发生，就可以作为当年的费用税前扣除。

D公司股票的处理

笔者认同反方观点。首先，从税法条文上看，只要连续持有居民企业公开发行并上市流通的股票超过12个月，取得的投资收益就属于免税收入。2017年度不足12个月，不符合税法要求，不免税是正确的。2018年10月达到12个月，符合税法要求，应该免税，之前不符合条件的后来符合条件了，应当追溯免税并退税或抵税。

其次，从立法本意上看，《企业所得税法实施条例释义》对第八十三条的解释为："连续持有被投资企业公开发行并上市流通的股票的时间不足12个月的投资，具有较大的投机成分，因而不在优惠范围之内。"《国家税务总局关于印发〈新企业所得税法精神宣传提纲〉的通知》（国税函〔2008〕159号）第二十四条解释道："鉴于以股票方式取得且连续持有时间较短（短于12个月）的投资，并不以股息、红利收入为主要目的，主要是从二级市场获得股票转让收益，而且买卖和变动频繁，税收管理难度大，因此，实施条例将持有上市公司股票的时间短于12个月的股息红利收入排除在免税范围之外。”从立法本意可以看出，税法不支持短于12个月的股票投机，支持超过12个月的股票投资。到2018年10月以后，企业持有的股票从税法不支持变成支持，该股票产生的股息都可以免税。

最后，对于大多数税收优惠事项，企业不符合相关条件不能享受，什么时候符合什么时候才能享受，不能追溯。比如企业2017年度发生的研发费用不符合加计扣除条件，2018年度发生的研发费用符合条件了，只能在2018年度加计扣除，2017年度的不能追溯，因为在今日之时点看来，2017年度发生的研发费用仍然不符合条件。企业若想一开始就享受税收优惠，就要在一开始努力符合条件。但股息、红利不一样，它的优惠条件是时间，时间是不以企业意志为转移的，在企业持有股票期间，企业无法为符合条件做出努力，只能待时间走过12个月后，自然而然地符合优惠条件。即在今日之时点看来，甲公司2017年度取得的股息收入已经符合优惠条件。因此，在等待期内取得的股息、红利收入也符合优惠条件，可以享受免税。

需要注意的是，在实务中，由于投资公司频繁买卖股票，准确区分哪些股票持有期不足12个月、哪些股票持有期超过12个月是一件非常困难的事情，企业应做好台账，留存好备查资料。

结　论

笔者认为，企业持有上市公司股票在汇算清缴结束前达到12个月的，取得的股息收入即属于免税收入；企业持有上市公司股票在汇算清缴结束前未达到12个月的，取得的股息收入不属于免税收入，待达到12个月，即属于免税收入，可以申请退税。建议咨询主管税务机关。

争议 85
中外合资企业股东取得超过出资比例的分红是否属于免税收入

甲公司出资 10 000 万元取得中外合资企业乙公司 40% 股权，但 2017 年甲公司实际取得了乙公司税后利润 60% 的分红，该分红是否属于免税收入？

▶▶ 正方：中外合资企业股东取得超过出资比例的分红属于免税收入

中外合资企业股东取得的超过出资比例的分红，不违反《公司法》，属于免税收入。

▶▶ 反方：中外合资企业股东取得超过出资比例的分红不属于免税收入

中外合资企业股东取得的超过出资比例的分红，违反了《中华人民共和国中外合资经营企业法》，不属于免税收入。

解　析

《公司法》第三十五条规定："股东按照实缴的出资比例分取红利；

公司新增资本时，股东有权优先按照实缴的出资比例认缴出资。但是，全体股东约定不按照出资比例分取红利或者不按照出资比例优先认缴出资的除外。"《公司法》认同股东约定不按照出资比例分取红利，超过出资比例的分红也属于《企业所得税法实施条例》规定的居民企业直接投资于其他居民企业取得的投资收益，因此也是免税收入。

2014 版申报表 A107011《符合条件的居民企业之间的股息、红利等权益性投资收益优惠明细表》第 6 列"依决定归属于本公司的股息、红利等权益性投资收益金额"填报说明为："填报纳税人按照投资比例计算的归属于本公司的股息、红利等权益性投资收益金额。若被投资企业将股权（票）溢价所形成的资本公积转为股本的，不作为投资方企业的股息、红利收入，投资方企业也不得增加该项长期投资的计税基础。"《国家税务总局所得税司关于企业所得税年度纳税申报表部分填报口径的通知》（税总所便函〔2015〕21 号）第八条将其修改为"填报纳税人按照投资比例或者其他方法计算的，实际归属于本公司的股息、红利等权益性投资收益金额"。也就是说，按照其他方法计算分红的，也属于免税收入。2017 版申报表沿用了这一规定。

但是，中外合资企业有所不同。《中华人民共和国中外合资经营企业法》第八条规定："合营企业获得的毛利润，按中华人民共和国税法规定缴纳合营企业所得税后，扣除合营企业章程规定的储备基金、职工奖励及福利基金、企业发展基金，净利润根据合营各方注册资本的比例进行分配。"

《中华人民共和国中外合资经营企业法实施条例》第七十六条规定："合营企业按照《中华人民共和国企业所得税法》缴纳所得税后的利润分配原则如下：（一）提取储备基金、职工奖励及福利基金、企业发展基金，提取比例由董事会确定；（二）储备基金除用于垫补合营企业亏损外，经审批机构批准也可以用于本企业增加资本，扩大生产；（三）按照本条第（一）项规定提取三项基金后的可分配利润，董事会确定分配的，应当按合营各方的出资比例进行分配。”

因此，按照特别法优于普通法的原则，企业可以不按照出资比例分配税后利润，但中外合资企业只能按照合营各方注册资本比例分配税后利润，不能按照其他比例，按照其他比例分配的利润不属于免税收入。

有的税务机关已做出明确。如《宁波国税局 2016 年企业所得税汇缴政策解答》第六条规定：“中外合资企业股东取得的超出其投资比例对应份额的股息、红利分配额，不得作为免税收入处理。”

结 论

中外合资企业股东取得超过出资比例的分红不属于免税收入。

争议 86
企业取得的固定分红是否属于免税收入

甲公司出资 10 000 万元取得乙公司 40% 股权，协议约定，无论乙公司盈亏，甲公司每年均取得 200 万元固定分红。该固定分红是否属于免税收入？

▶▶ 正方：企业取得的固定分红属于免税收入

2017 版申报表 A107011《符合条件的居民企业之间的股息、红利等权益性投资收益优惠明细表》第 7 列“依决定归属于本公司的股息、红利等权益性投资收益金额”填报说明为：“填报纳税人按照投资比例或者其他方法计算的，实际归属于本公司的股息、红利等权益性投资收益金额。”固定分红属于按照“其他方法计算的”股息、红利，也属于免税收入。

▶▶ 反方：企业取得的固定分红不属于免税收入

固定分红不属于投资收益，而属于借款利息，不能享受免税。

解　析

该争议的焦点在于，在不属于混合性投资的情况下，企业取得的固定分红属于利息还是投资收益，这种行为属于借款还是投资。

《最高人民法院关于审理涉及国有土地使用权合同纠纷案件适用法律问题的解释》（法释〔2005〕5号）第二十六条规定："合作开发房地产合同约定提供资金的当事人不承担经营风险，只收取固定数额货币的，应当认定为借款合同。"《最高人民法院关于审理联营合同纠纷案件若干问题的解答》（法（经）发〔1990〕27号）第四条规定："企业法人、事业法人作为联营一方向联营体投资，但不参加共同经营，也不承担联营的风险责任，不论盈亏均按期收回本息，或者按期收取固定利润的，是明为联营，实为借贷，违反了有关金融法规，应当确认合同无效。除本金可以返还外，对出资方已经取得或者约定取得的利息应予收缴，对另一方则应处以相当于银行利息的罚款。"

股权投资需要承担风险，被投资方有净利润的，投资方可以取得投资收益，被投资方没有净利润的，投资方不能取得投资收益。但债权投资不同，它不承担风险，无论贷款方是否盈利，借款方都要取得固定利息。这是股权投资与债权投资的重要差别之一。

因此，在法律上，不承担经营风险，不论盈亏均按期收取固定利润的，属于借贷，不属于投资，投资企业取得的是应税的利息收入，不是免税的投资收益。

结　论

企业取得的固定分红属于利息，不属于免税收入，应全额纳税。

争议 87
企业从新三板购买股票的分红是否受 12 个月限制

甲公司 2016 年 10 月在新三板市场购买股票，同年 12 月取得分红 100 万元，持有期不满 12 个月，其分红能否作为免税收入？

▶▶ 正方：企业在新三板市场购买股票的分红受 12 个月限制

虽然新三板挂牌公司不是上市公司，但根据《国务院关于全国中小企业股份转让系统有关问题的决定》（国发〔2013〕49 号）第六条的规定“市场建设中涉及税收政策的，原则上比照上市公司投资者的税收政策处理”，因此，企业在新三板市场购买股票的分红，“比照上市公司投资者的税收政策”，甲公司持有新三板挂牌公司股票不足 12 个月，其分红不能作为免税收入。

▶▶ 反方：企业在新三板市场购买股票的分红不受 12 个月限制

新三板挂牌公司不是上市公司，其股票非“公开发行并上市流通”，因此，企业在新三板市场购买股票取得的分红，不受 12 个月限制，甲公司持有新三板挂牌公司股票虽不足 12 个月，其分红也能作为免税收入。

解　析

《企业所得税法实施条例》第八十三条规定："企业所得税法第二十六条第（二）项和第（三）项所称股息、红利等权益性投资收益，不包括连续持有居民企业公开发行并上市流通的股票不足 12 个月取得的投资收益。"

《公司法》第一百二十条规定："本法所称上市公司，是指其股票在证券交易所上市交易的股份有限公司。"在新三板挂牌的公司不是上市公司，其股票非"公开发行并上市流通"，不符合上述第八十三条规定，企业持有新三板挂牌公司股票，取得的分红没有时间限制，可以作为免税收入。

该争议的焦点在于国务院文件能否作为税务处理依据。

国务院的涉税文件可分为两种，一种是该国务院文件本身就是专门的税收政策文件，如著名的《国务院关于实施企业所得税过渡优惠政策的通知》(国发〔2007〕39 号）和《国务院关于经济特区和上海浦东新区新设立高新技术企业实行过渡性税收优惠的通知》(国发〔2007〕40 号)，就是《企业所得税法》修订后，国务院就企业所得税过渡优惠制定的专门政策。随后，财政部、国家税务总局出台《关于贯彻落实国务院关于实施企业所得税过渡优惠政策有关问题的通知》(财税〔2008〕21 号)，要求贯彻落实，并进一步明确过渡方法，全国税务机关都遵照执行。可见，即使是专门的税收政策文件，仍需要财政部、国家税务总局制定相关政策予以明确。

另一种是该国务院文件本身不是专门的税收政策文件。大多数国务院文件为综合性文件，就某一事项的各个方面做出原则性规定，然后各个部委再根据自身职能制定具体政策。

如《国务院关于进一步优化企业兼并重组市场环境的意见》(国发〔2014〕14号)第七项规定:“修订完善兼并重组企业所得税特殊性税务处理的政策,降低收购股权(资产)占被收购企业全部股权(资产)的比例限制,扩大特殊性税务处理政策的适用范围。抓紧研究完善非货币性资产投资交易的企业所得税、企业改制重组涉及的土地增值税等相关政策。”随后,财政部、国家税务总局相继出台财税〔2015〕5号、37号、109号、116号等文件,对企业重组中涉及的土地增值税、契税、企业所得税等政策予以明确。

又如2013年2月,国务院发布《国务院批转发展改革委等部门关于深化收入分配制度改革若干意见的通知》(国发〔2013〕6号),其中第二十项规定:“落实并完善慈善捐赠税收优惠政策,对企业公益性捐赠支出超过年度利润总额12%的部分,允许结转以后年度扣除。”这一规定突破了公益性捐赠支出超过扣除限额不得结转的规定,但由于与《企业所得税法》相冲突,没有执行。直到2017年2月24日十二届全国人大常委会第二十六次会议修订了《企业所得税法》,超额的公益性捐赠支出才可以在以后三年内结转。

从以上分析可以看出,除国发〔2007〕39号、40号这样专门为税收政策制定且被财政部、国家税务总局要求贯彻落实的国务院文件之外,其他的税务处理依据都是财政部、国家税务总局的规定,国务院文件,尤其是综合性原则性文件不宜作为税务处理依据。

结　论

企业在新三板市场购买股票取得的分红不受12个月限制,可以作为免税收入。

争议 88
如何理解“合理分摊期间费用”

甲公司是一家能源企业，在享受国家重点扶持的公共基础设施项目减免税时，没有分摊期间费用。该企业解释道，其为总分机构，有 6 家分公司，其中总机构和 3 家分公司为管理型公司，主要负责集团在相关区域内所有风力发电和光伏发电项目，不从事具体生产；另外 3 家分公司从事风力及太阳能发电业务。该企业各项目单独核算，能够准确划分用于发电项目的费用，总机构和 3 家分公司不从事具体生产，无须分摊。甲公司的处理是否正确？

▶▶ 正方：企业能够准确核算减免税项目的期间费用，不必分摊

期间费用无法划分清楚的，才需要分摊，自己能够划分清楚的，不应分摊，否则将用于非减免税项目的期间费用分摊到减免税项目里，是不合理的。

▶▶ 反方：无论企业能否准确核算减免税项目的期间费用，都必须分摊

《企业所得税法实施条例》第一百零二条规定：“企业同时从事适用

不同企业所得税待遇的项目的，其优惠项目应当单独计算所得，并合理分摊企业的期间费用；没有单独计算的，不得享受企业所得税优惠。”期间费用无论企业能否准确划分，都必须分摊。

解　析

根据《企业所得税法实施条例》第一百零二条的规定，企业做到了单独计算所得，所以可以享受税收优惠，但企业不可能做到所有期间费用都能够准确划分。比如企业发生的广告费，就无法归集到某个具体项目中去；又如，企业总部管理人员管理整个公司、销售人员销售各项目的产品，也无法归集到某个具体项目中去。因此，企业只能通过合理的方法来分摊这些费用。

《国家税务总局关于实施国家重点扶持的公共基础设施项目企业所得税优惠问题的通知》（国税发〔2009〕80号）第六条规定：“企业同时从事不在《目录》范围的生产经营项目取得的所得，应与享受优惠的公共基础设施项目经营所得分开核算，并合理分摊企业的期间共同费用；没有单独核算的，不得享受上述企业所得税优惠。期间共同费用的合理分摊比例可以按照投资额、销售收入、资产额、人员工资等参数确定。上述比例一经确定，不得随意变更。凡特殊情况需要改变的，需报主管税务机关核准。”因此企业必须分摊期间费用。

所有所得减免类项目都要求企业从事不同税收待遇项目时，应单独核算，并合理分摊期间费用。比如农林牧渔、公共基础设施、技术转让所得、清洁发展机制项目、节能服务项目等。

期间费用（销售费用、管理费用和财务费用）是指不能直接归属于某个特定产品成本的费用。与产品的产量、产品的制造过程无直接关系，很难归集到具体的产品，比如广告费、业务招待费等。由于期间费用没有一个明确的归属，往往出于企业经营管理的需要，能够带来整体效益的提升。为了防止企业以分摊期间费用为名，行逃避税负之实，需要明确规定可以在税前扣除的期间费用必须是合理分摊的费用。

结　论

企业同时享受所得减免类优惠和其他项目时，其优惠项目应当单独计算所得，并合理分摊企业的期间费用，合理分摊比例可以按照投资额、销售收入、资产额、人员工资等参数确定。

争议 89
免征增值税的收入未做价税分离能否享受企业所得税减免

甲公司是一家农业生产企业，既免征增值税又免征企业所得税。2016 年度取得销售农产品收入 3 000 万元，免征增值税。会计处理如下：

借：银行存款　　30 000 000

　贷：主营业务收入　　30 000 000

税务机关认为，主营业务收入中所包含的减免增值税不属于企业生产经营收入，其未做价税分离，属于未单独核算，不能享受农林牧渔业免征企业所得税优惠。

▶▶ 正方：免征增值税的收入未做价税分离可以享受企业所得税免征

免征增值税的收入中不含增值税，不用做价税分离，全部都是企业取得的生产经营收入，可以享受农林牧渔业免征企业所得税优惠。

▶▶ 反方：免征增值税的收入未做价税分离不能享受企业所得税免征

免征增值税的收入中含增值税，不是企业取得的生产经营收入，若未做价税分离，则属于生产经营收入与非生产经营收入未单独核算，不能享受农林牧渔业免征企业所得税优惠。

解　析

会计处理

免征增值税的收入是否需要价税分离在会计上也有争议。

一种观点认为应做价税分离，会计处理如下：

借：银行存款　　30 000 000

　贷：主营业务收入　　26 548 672.57

　　应交税费——应交增值税（销项税额）　　3 451 327.43

借：应交税费——应交增值税（减免税额）3 451 327.43

　贷：营业外收入　　3 451 327.43

另一种观点认为不用做价税分离，会计处理如案例。

两种观点对企业会计利润没有影响。

税务处理

目前，实务界大多数观点认为不用做价税分离。那么，在企业未做价税分离的情况下，能否享受税收优惠？

很多人认为免征增值税的收入不含增值税，但企业所得税上对此有明确规定。

《财政部 国家税务总局关于财政性资金、行政事业性收费、政府性基金有关企业所得税政策问题的通知》（财税〔2008〕151号）第一条规定："……本条所称财政性资金，是指企业取得的来源于政府及其有关部门的财政补助、补贴、贷款贴息，以及其他各类财政专项资金，包括直接减免的增值税和即征即退、先征后退、先征后返的各种税收，但不包括企业按规定取得的出口退税款；所称国家投资，是指国家以投资者身份投入企业、并按有关规定相应增加企业实收资本（股本）的直接投资。”因此，直接减免的增值税属于财政性资金，并且不符合不征税收入条件，应当缴纳企业所得税。在价税分离法下，甲公司免征的增值税 3 451 327.43 元不能享受农林牧渔业税收优惠，应当缴纳企业所得税，主营业务收入 26 548 672.57 元可以享受农林牧渔业税收优惠。在价税不分离法下，甲公司主营业务收入中包含的直接减免的增值税也应当缴纳企业所得税。

如果企业免征的增值税不能享受税收优惠，第二个问题又来了：在价税不分离法下，免征的增值税是否属于企业的生产经营收入？

支持“属于”的观点认为，该增值税是直接减免的，正是由于企业从事农业生产才减免的，自然属于企业的生产经营收入，能够享受税收优惠；支持“不属于”的观点认为，该增值税是政府减免的，是企业的利得，而非生产经营收入，不符合《企业所得税法实施条例》第一百零二条“优惠项目应当单独计算所得”之规定，不能享受税收优惠。如《北京国税局 2014 年度企业所得税实务操作政策指引》对此问题规定：“直接减免的增值税不属于企业生产经营收入，不能计入农、林、牧、渔项目所得享受企业所得税优惠。企业所得税法第一百零三条规定，纳税人同时从事适用不同企业所得税待遇的项目的，其优惠项目应当单独计算所得，并合理分摊企业的期间费用；没有单独计算的，不得享受企业所得税优惠。对于企业将减免的增值税在会计处理上直接计入营业收入，如无法单独计算农、林、牧、渔业项目所得的，不得享受企业所得税优惠。”

若未做价税分离也能够享受税收优惠，则会出现这种情况：已做价税分离的企业免税项目的收入是不含税收入，未做价税分离的企业免税项目的收入是含税收入，企业由于会计处理不同导致优惠金额不同，是不合理的。

结　论

为避免争议，建议采用价税分离法核算免征增值税的收入。

争议 90
高新技术企业能否享受小型微利企业税收优惠

甲公司取得高新技术企业资格，享受 15% 优惠税率。2016 年度，其符合小型微利企业条件，欲享受小型微利企业减半征收优惠，相当于 10% 税率。是否允许？

▶▶ 正方：高新技术企业可以享受小型微利企业税收优惠

政策没有禁止高新技术企业享受小型微利企业税收优惠，因此高新技术企业可以享受小型微利企业税收优惠。

▶▶ 反方：高新技术企业不能享受小型微利企业税收优惠

2015 年 9 月 11 日国家税务总局举办“深入贯彻落实小型微利企业所得税减半征收优惠政策”在线访谈，访谈中，有网友提问：“请问现行小微企业税收优惠政策可以叠加其他减低税率的优惠政策同时享受吗？如西部大开发税收优惠政策、高新技术企业优惠政策等。”国家税务总局所得税司副司长叶霖儿答道：“西部大开发税收优惠政策和高新技术企业优惠政策，不能与小型微利企业企业所得税优惠叠加享受。”

因此，高新技术企业不能享受小型微利企业税收优惠。

解 析

高新技术企业优惠税率为15%，小型微利企业优惠税率为20%，一般认为企业不会舍低而就高。但随着小型微利企业全面实施所得减半政策，其实际税率只有10%，低于高新技术企业优惠税率。因此，符合小型微利企业条件的高新技术企业享受小型微利企业优惠更为划算。

高新技术企业也可以享受小型微利企业税收优惠。由于税法并没有禁止纳税人选择更优的优惠，因此，只要高新技术企业符合小型微利企业减半征收条件，就可以享受小型微利企业减半征收优惠。而且当前国家正在大力扶持小微企业，不允许小型高新技术企业享受小型微利企业减半征收优惠的说法不符合立法意图。

反方规点是对叶副司长回答的误解。叠加享受，是指一家企业同时享受了两种税收优惠。但低税率类税收优惠无法叠加享受，一个企业只能有非黑即白、非此即彼的一个税率，一家高新技术企业，要么享受15%税率，要么享受10%税率，怎么可能既享受15%税率又享受10%税率？符合小型微利企业减半征收条件的高新技术企业只享受了10%一种税率，并未享受15%税率，只享受一种优惠税率自然不是叠加享受。

国家税务总局的意思是，高新技术企业低税率与小型微利企业减半征收的“减半”不能叠加享受，即符合小型微利企业减半征收条件的高新技术企业不能享受7.5%的税率，而非不能选择最优税率。

因此，甲公司可以享受小型微利企业优惠税率。

结 论

符合条件的高新技术企业可以享受小型微利企业优惠，执行相当于10% 的税率。企业无须放弃高新技术企业资格，只需不享受高新技术企业低税率优惠即可。

争议 91
小型微利企业同时享受所得减免如何计算应纳税额

甲公司从事内陆养殖业务，2017 年度纳税调整后所得为 60 万元，按照《企业所得税法实施条例》第八十六条第二款规定，内陆养殖的所得减半征收企业所得税。因此该企业应纳税所得额为 30 万元。该企业从业人数和资产总额都符合小型微利企业条件，那么，该企业 2017 年度应纳所得税额是多少？

有三种观点。

▶▶ 观点一：该企业不能享受小型微利企业低税率优惠

《国家税务总局关于进一步明确企业所得税过渡期优惠政策执行口径问题的通知》（国税函〔2010〕157 号）第一条第三款规定："居民企业取得中华人民共和国企业所得税法实施条例第八十六条、第八十七条、第八十八条和第九十条规定可减半征收企业所得税的所得，是指居民企业应就该部分所得单独核算并依照 25% 的法定税率减半缴纳企业所得税。"因此，该企业只能按照 25% 税率计算，应缴纳企业所得税为 7.5 万元（30 × 25%）。

▶▶ 观点二：该企业能享受小型微利企业低税率优惠

《企业所得税法实施条例》第九十二条规定，“从事国家非限制和禁止行业，并符合下列条件的企业：（一）工业企业，年度应纳税所得额不超过30万元，从业人数不超过100人，资产总额不超过3000万元；（二）其他企业，年度应纳税所得额不超过30万元，从业人数不超过80人，资产总额不超过1 000万元”可以享受20%税率优惠。该企业符合上述规定，可以享受小型微利企业低税率优惠，应缴纳企业所得税为6万元（30×20%）。

▶▶ 观点三：该企业既能享受小型微利企业减半优惠，又能享受小型微利企业低税率优惠

《财政部 国家税务总局关于扩大小型微利企业所得税优惠政策范围的通知》（财税〔2017〕43号）第一条规定：“自2017年1月1日至2019年12月31日，将小型微利企业的年应纳税所得额上限由30万元提高至50万元，对年应纳税所得额低于50万元（含50万元）的小型微利企业，其所得减按50%计入应纳税所得额，按20%的税率缴纳企业所得税。”该企业符合小型微利企业减半税收优惠条件，应缴纳企业所得税为3万元（30×50%×20%）。

三种观点都有政策依据，那么哪种观点正确呢?

解 析

观点一是目前的主流观点。国税函〔2010〕157号文件是既享受所得减半征收又享受低税率情况税务处理的依据，企业不能低税率再减半。

观点三也是每一步都按照政策文件来计算，但是所得减半再减半确有些过分。

最占优势的是观点二，其每一步处理都完全依据《企业所得税法实施条例》，法律效力远高于国税函〔2010〕157号文件和财税〔2017〕43号文件。

笔者支持观点一，在我国目前的税收法治环境下，下位法优于上位法是常有的事情，若只依据《企业所得税法》和《企业所得税法实施条例》，不管国税函〔2010〕157号文件，那么，高新技术企业的减半征收项目就可以按照7.5%的税率缴纳企业所得税，这明显是不合理的。

结　论

企业既享受所得减半征收又享受低税率的，依据国税函〔2010〕157号文件只能按照25%税率减半。

争议 92
劳务派遣人员是否既计入用人单位从业人数又计入劳务派遣公司从业人数

甲公司是一家劳务派遣公司，2017 年应纳税所得额为 30 万元，资产总额 500 万元，员工 300 人，其中 270 人为派到用工单位工作的劳务派遣人员。甲公司能否享受小型微利企业优惠？

▶▶ 正方：劳务派遣人员计入用人单位的从业人数

《财政部 国家税务总局关于扩大小型微利企业所得税优惠政策范围的通知》（财税〔2017〕43 号）第二条规定："所称从业人数，包括与企业建立劳动关系的职工人数和企业接受的劳务派遣用工人数。"因此，劳务派遣人员应计入用工单位的从业人数。

▶▶ 反方：劳务派遣人员计入劳务派遣公司的从业人数

根据财税〔2017〕43 号文件第二条规定，劳务派遣人员也是与劳务派遣公司建立劳动关系的职工，因此，劳务派遣人员应计入劳务派遣公司的从业人数。

解　析

企业接受的劳务派遣人员计入企业的从业人数，没有争议，但是否计入劳务派遣公司的从业人数则存在争议。

《中华人民共和国劳动合同法》第五十八条规定："劳务派遣单位是本法所称用人单位，应当履行用人单位对劳动者的义务。劳务派遣单位与被派遣劳动者订立的劳动合同，除应当载明本法第十七条规定的事项外，还应当载明被派遣劳动者的用工单位以及派遣期限、工作岗位等情况。劳务派遣单位应当与被派遣劳动者订立二年以上的固定期限劳动合同，按月支付劳动报酬；被派遣劳动者在无工作期间，劳务派遣单位应当按照所在地人民政府规定的最低工资标准，向其按月支付报酬。"

根据《中华人民共和国劳动合同法》，劳务派遣公司与劳务派遣人员签订劳动合同，劳务派遣公司与劳务派遣人员形成劳动关系，符合财税〔2017〕43号文件规定的"与企业建立劳动关系的职工人数"，应作为劳务派遣公司的从业人数，由于劳务派遣公司的劳务派遣人员都在百人以上，因此劳务派遣公司基本享受不到小型微利企业优惠政策。

那么问题来了：根据财税〔2017〕43号文件的规定，接受劳务派遣人员的用工企业的从业人数包括"企业接受的劳务派遣用工人数"，导致劳务派遣人员既包括在劳务派遣公司的从业人数中，又包括在用工企业的从业人数中，重复计算。

我们可以与残疾人增值税优惠政策来对比。《国家税务总局关于促进残疾人就业税收优惠政策相关问题的公告》（国家税务总局公告2015年第55号）第一条规定："以劳务派遣形式就业的残疾人，属于劳务派遣单位的职工。劳务派遣单位可按照《财政部、国家税务总局关于促进残疾人就业税收优惠政策的通知》（财税〔2007〕92 号）规定，享受相关税收优惠政策。”

财税〔2007〕92 号文件已被《财政部 国家税务总局关于促进残疾人就业增值税优惠政策的通知》（财税〔2016〕52 号）废止，后者第一条规定：“对安置残疾人的单位和个体工商户，实行由税务机关按纳税人安置残疾人的人数，限额即征即退增值税的办法。”

增值税规定的是“安置残疾人”，企业所得税优惠规定的是“从业人数”。

关于安置，《现代汉语词典的解释》的解释为“使人或事物有着落；安放”，强调的是残疾人与企业形成劳动关系，有收入、有保障。残疾人是与劳务派遣公司签订劳动合同的，因此属于劳务派遣公司的职工，而不属于用工企业。关于从业，《现代汉语词典的解释》解释为“从事某种职业或行业；就业”，强调的是劳动者干工作，而不限于是谁的职工。劳务派遣人员只在用工企业工作，因此应当属于用工企业的从业人数，而不属于劳务派遣公司的从业人数。

简单地讲，安置残疾人强调是谁的职工就在谁那里享受税收优惠，劳务派遣的残疾人属于劳务派遣公司职工，因此劳务派遣公司享受税收优惠；小型微利企业强调给谁干活就在谁那里享受税收优惠，劳务派遣人员给用工企业干活，因此用工企业享受税收优惠。

综上所述，劳务派遣人员实际是在用工企业工作，应将其归入用工企业的从业人数，不宜再作为劳务派遣公司的从业人数。

结　论

现行政策下，劳务派遣人员既计入用人单位的从业人数，也计入劳务派遣公司的从业人数。

争议 93
委托研发的费用按 80% 加计扣除，那么委托研发的费用本身是按 100% 还是 80% 计入研发费用

甲公司委托其他公司进行研发，支付研发费用 100 万元，可以加计扣除 40 万元（100×80%×50%），这个没有争议，但甲公司能够税前扣除的研发费用是多少？

▶▶ **正方：委托研发的费用本身是按 100% 计入研发费用**

《财政部 国家税务总局 科技部关于完善研究开发费用税前加计扣除政策的通知》（财税〔2015〕119 号）第二条第一款规定："企业委托外部机构或个人进行研发活动所发生的费用，按照费用实际发生额的 80% 计入委托方研发费用并计算加计扣除，受托方不得再进行加计扣除。委托外部研究开发费用实际发生额应按照独立交易原则确定。" 甲公司加计扣除金额 40 万元，税前扣除研发费用为 140 万元（100+40）。

▶▶ **反方：委托研发的费用本身是按 80% 计入研发费用**

根据财税〔2015〕119 号文件第二条第一款的规定，委托研发"按

照费用实际发生额的 80% 计入委托方研发费用”，即委托研发的费用只能按照 80% 计入研发费用，甲公司税前扣除研发费用为 120 万元（100 × 80%+40）。

解 析

按照财税〔2015〕119 号文件第二条第一款的规定，委托研发的费用似乎确实只能按照 80% 计入研发费用。

《国家税务总局关于企业研究开发费用税前加计扣除政策有关问题的公告》（国家税务总局公告 2015 年第 97 号）第三条规定：“企业委托外部机构或个人开展研发活动发生的费用，可按规定税前扣除；加计扣除时按照研发活动发生费用的 80% 作为加计扣除基数。”

委托研发的费用“按规定”税前扣除，这个规定应该就是财税〔2015〕119 号文件，似乎还是委托研发的费用只能按照 80% 计入研发费用。

让我们再来看看国家税务总局公告 2015 年第 97 号政策解读对该条款的解释：“委托方发生的费用，可按规定全额税前扣除；加计扣除时按照委托方发生费用的 80% 计算加计扣除。”

至此真相大白，委托研发的费用 100% 计入研发费用，但只能按照 80% 加计扣除。因此，甲公司的处理是正确的。

结 论

委托研发的费用 100% 计入研发费用，但只能按照 80% 加计扣除。

争议 94
融资租入固定资产能否加速折旧

甲公司2016年融资租入一台研发设备，当年计提折旧100万元，支付租赁费80万元，该设备能否享受固定资产加速折旧优惠？

▶▶ 正方：融资租入固定资产可以加速折旧

融资租入的固定资产在承租方计提折旧，因此可以加速折旧。

▶▶ 反方：融资租入固定资产不能加速折旧

只有新购进的固定资产才能享受加速折旧政策，融资租入不是新购进，不能加速折旧。

解　析

《财政部 国家税务总局关于完善固定资产加速折旧企业所得税政策的通知》（财税〔2014〕75号）和《财政部 国家税务总局关于进一步完善固定资产加速折旧企业所得税政策的通知》（财税〔2015〕106号）规定，六大行业和四大领域重点行业企业2014年1月1日和2015年1

月 1 日后新购进的固定资产允许按不低于企业所得税法规定折旧年限的 60% 缩短折旧年限，或选择采取双倍余额递减法或年数总和法进行加速折旧；其他企业在 2014 年 1 月 1 日后购进并专门用于研发活动的仪器、设备，单位价值不超过 100 万元的，可以一次性在计算应纳税所得额时扣除；单位价值超过 100 万元的，允许按不低于企业所得税法规定折旧年限的 60% 缩短折旧年限，或选择采取双倍余额递减法或年数总和法进行加速折旧。

请注意，此处是"购进"，即购买，不是租赁。即使融资租入固定资产最后一般所有权都会转移到承租方，但它也是租赁，不是"购进"，不能加速折旧。

2015 年 11 月 11 日，国家税务总局所得税司副司长刘宝柱在税务总局网站"固定资产加速折旧政策"在线访谈中明确指出："购进是指以货币购进的固定资产和自行建造的固定资产。融资租赁的固定资产不属于购进的范畴，因此，不能适用本次加速折旧政策。"

因此，甲公司融资租入设备的折旧不能加速折旧。

结　论

企业融资租入的固定资产不能加速折旧，但符合条件的折旧额可以加计扣除。

争议 95
应税项目所得和减免税项目所得能否互相弥补亏损

甲公司从事公告基础设施项目，享受“三免三减半”优惠，同时甲公司还从事其他非减免税项目。2017 年，公告基础设施项目盈利，其他项目亏损，其应税项目所得和减免税项目所得能否互相弥补？

▶▶ 正方：应税项目所得和减免税项目所得可以互相弥补亏损

没有政策规定应税所得和减免税所得不能互相弥补亏损，因此可以互相弥补亏损。

▶▶ 反方：应税项目所得和减免税项目所得不能互相弥补亏损

规定应税项目所得和减免税项目所得不能互相弥补亏损的国税函〔2010〕148 号文件虽然被废止了，但其精神仍然适用。

解　析

《国家税务总局关于做好 2009 年度企业所得税汇算清缴工作的通知》（国税函〔2010〕148 号）第三条第六款规定：“税收优惠填报口径。

对企业取得的免税收入、减计收入以及减征、免征所得额项目，不得弥补当期及以前年度应税项目亏损；当期形成亏损的减征、免征所得额项目，也不得用当期和以后纳税年度应税项目所得抵补。”《国家税务总局关于发布〈中华人民共和国企业所得税年度纳税申报表(A类，2014年版)〉的公告》(国家税务总局公告2014年第63号)废止了国税函〔2010〕148号文件，很多人认为应税项目和免税项目可以互相弥补亏损，但从申报表的设计来看，仍然不能互相弥补。

2014年版申报表主表填报说明指出：第20行“所得减免”：填报属于税法规定所得减免金额。本行通过A107020《所得减免优惠明细表》填报，本行< 0时，填写负数。

情况一：假设某企业应税所得100，免税所得-20，则主表相应行次的填报如表3所示：

表3

三、利润总额（10+11-12）	100-20=80
……	
四、纳税调整后所得（13-14+15-16-17+18）	80
减：所得减免（填写A107020）	-20
减：抵扣应纳税所得额（填写A107030）	
减：弥补以前年度亏损（填写A106000）	
五、应纳税所得额（19-20-21-22）	100

应纳税所得额为100，应税所得没有弥补免税所得。

情况二：假设某企业应税所得-20，免税所得100，则主表相应行次的填报如表4所示：

表4

三、利润总额（10+11-12）	-20+100=80
……	
四、纳税调整后所得（13-14+15-16-17+18）	80
减：所得减免（填写A107020）	100
减：抵扣应纳税所得额（填写A107030）	
减：弥补以前年度亏损（填写A106000）	
五、应纳税所得额（19-20-21-22）	0

减去所得减免后的纳税调整后所得为 -20，免税所得没有弥补应税所得。

情况三：假设某企业应税所得 100，免税所得 -200，则主表相应行次的填报如表 5 所示：

表5

三、利润总额（10+11-12）	100-200=-100
……	
四、纳税调整后所得（13-14+15-16-17+18）	-100
减：所得减免（填写A107020）	-200
减：抵扣应纳税所得额（填写A107030）	
减：弥补以前年度亏损（填写A106000）	
五、应纳税所得额（19-20-21-22）	100

应纳税所得额为 100，应税所得没有弥补免税所得。

情况四：假设某企业应税所得 -200，免税所得 100，则主表相应行次的填报如表 6 所示：

表6

三、利润总额（10+11-12）	-200=100=-100
……	
四、纳税调整后所得（13-14+15-16-17+18）	-100
减：所得减免（填写 A107020）	100
减：抵扣应纳税所得额（填写 A107030）	
减：弥补以前年度亏损（填写 A106000）	
五、应纳税所得额（19-20-21-22）	0

减去所得减免后的纳税调整后所得为 -200，免税所得没有弥补应税所得。

2014 年版申报表发布之初，坊间盛传国家税务总局要求将主表第 20 行填报说明修改为“本行＜0 时，填 0”，这样就能互相弥补，但国家税务总局并未这样修改。

再看 2017 年版申报表：

（1）主表内关系为：

第 20 行：

当第 19 行≤0 时，本行填报 0；

当第 19 行＞0 时，

① A107020 表合计行第 11 列≤表 A100000 第 19 行，本行＝A107020 表合计行第 11 列；

② A107020 表合计行第 11 列＞表 A100000 第 19 行，本行＝表 A100000 第 19 行。

A107020《所得减免优惠明细表》填报说明指出，表内关系为：

第 11 列＝第 9 列＋第 10 列 ×50%；当（第 9 列＋第 10 列 ×50%）

<0 时，第 11 列 =0。

（2）表间关系为：

①当本表合计行第 11 列≥ 0，且本表合计行第 11 列≤表 A100000 第 19 行时，表 A100000 第 20 行＝合计行第 11 列；

②当本表合计行第 11 列≥ 0，且本表合计行第 11 列＞表 A100000 第 19 行时，表 A100000 第 20 行＝表 A100000 第 19 行。

简单地说，当主表第 19 行≤ 0 时，第 20 行填报 0；当主表第 19 行≥ 0 且＞ A107020 表合计行第 11 列时，第 20 行 =A107020 表合计行第 11 列；当主表第 19 行＞ 0 但＜ A107020 表合计行第 11 列时，第 20 行 = 主表第 19 行；当 A107020 表合计行第 11 列＜ 0 时，该行填报 0。

即：①当纳税调整后所得≤ 0 时，所得减免填报 0；②当纳税调整后所得≥ 0 且＞所得减免额时，所得减免填报本身金额；③当纳税调整后所得＞ 0 但＜所得减免额时，所得减免额 = 纳税调整后所得；④当所得减免额＜ 0 时，所得减免填报 0。

仍以上述四种情况为例加以说明。

情况一：假设某企业应税所得 100，免税所得 –20，则主表相应行次的填报如表 7 所示：

表 7

三、利润总额（10+11−12）	100−20=80
……	
四、纳税调整后所得（13−14+15−16−17+18）	80
减：所得减免（填写 A107020）	0
减：抵扣应纳税所得额（填写 A107030）	

续表

减：弥补以前年度亏损（填写 A106000）	
五、应纳税所得额（19-20-21-22）	80

应纳税所得额为 80，应税所得弥补了免税所得。

情况二：假设某企业应税所得 -20，免税所得 100，则主表相应行次的填报如表 8 所示：

表 8

三、利润总额（10+11-12）	-20+100=80
……	
四、纳税调整后所得（13-14+15-16-17+18）	80
减：所得减免（填写 A107020）	80
减：抵扣应纳税所得额（填写 A107030）	
减：弥补以前年度亏损（填写 A106000）	
五、应纳税所得额（19-20-21-22）	0

应纳税所得额为 0，免税所得弥补了应税所得。

情况三：假设某企业应税所得 100，免税所得 -200，则主表相应行次的填报如表 9 所示：

表 9

三、利润总额（10+11-12）	100-200=-100
……	
四、纳税调整后所得（13-14+15-16-17+18）	-100

续表

减：所得减免（填写 A107020）	0
减：抵扣应纳税所得额（填写 A107030）	
减：弥补以前年度亏损（填写 A106000）	
五、应纳税所得额（19-20-21-22）	0

应纳税所得额为 0，以后年度可弥补的亏损为 100。

情况四：假设某企业应税所得 -200，免税所得 100，则主表相应行次的填报如表 10 所示：

表 10

三、利润总额（10+11-12）	-200=100=-100
……	
四、纳税调整后所得（13-14+15-16-17+18）	-100
减：所得减免（填写 A107020）	0
减：抵扣应纳税所得额（填写 A107030）	
减：弥补以前年度亏损（填写 A106000）	
五、应纳税所得额（19-20-21-22）	0

应纳税所得额为 0，以后年度可弥补的亏损为 100。

有观点认为，应税项目所得和减免税项目所得可以互相弥补亏损违反了《企业所得税法实施条例》第一百零二条“企业同时从事适用不同企业所得税待遇的项目的，其优惠项目应当单独计算所得，并合理分摊企业的期间费用；没有单独计算的，不得享受企业所得税优惠”的规定，但笔者认为没有违反此规定，是否分别核算与能否互相弥补没有关系。若不分别核算，企业有可能把减免税项目的成本费用计入应税项目，扩大减免金额，减少纳税，所以，不管是否可以互相弥补，都必须分别核算。

结　论

企业既有应税项目，又有减免税项目的，应税项目所得和减免税项目所得可以互相弥补亏损。政策虽然没有明文规定，但以申报表的形式做了明确。

ANALYSIS OF 100
CORPORATE INCOME TAX
Controversial Issues

05

其　他

争议 96
企业虚增利润税务机关应如何处理

某局税务人员在对辖区内企业进行检查时发现了一些奇怪的现象，以往发现的问题都是企业少计利润，少缴税款，而现在他们发现有几户企业故意多计利润，多缴税款。总结起来，具体情况如下：

甲公司是一家上市公司，为粉饰报表，将预收账款 3 000 余万元提前确认收入，并缴纳了企业所得税；

乙公司也是一家上市公司，会计上按照 50 年计提房屋、建筑物折旧，但年度申报时按照 20 年计算折旧，并缴纳了企业所得税；

丙公司为应对集团公司年末的业绩考核，将 600 万元的费用未计入支出，扭亏为盈，并缴纳了企业所得税；

丁公司出于其他原因，将 100 万元的费用未计入支出，多计利润 100 万元，但汇算清缴时调减了 100 万元，并以此计算缴纳企业所得税；

戊公司与以上 4 户有所不同，其未多计会计利润，但有可弥补的以前年度亏损未弥补，因为其听说主管税务机关将对连续三年未缴税企业进行专项检查，遂通过不弥补亏损缴纳税款的方式逃避检查。

▶▶ **正方：企业虚增利润税务机关不退税**

企业故意虚增利润，是企业自愿行为，税务机关不应干涉，若企业修正利润申请退税，税务机关也不予退税。

▶▶ **反方：企业虚增利润税务机关应退税**

企业故意虚增利润，税务机关发现的，应予修正，若企业修正利润申请退税，税务机关应予退税。

解　析

企业多计利润早已不是什么稀罕事。2012 年底，财政部发布了《中华人民共和国财政部会计信息质量检查公告》(第二十四号)，公告显示，各地财政部门 2011 年共检查发现违规问题金额 552.29 亿元，查补税款 9.11 亿元，并对相关单位处以罚款 3 875.52 万元，一些知名企业也被查出会计问题。公告中列出了部分企业多计利润的行为，如北京某公司多计利润 7 034 万元，辽宁某公司多计利润 1 474 万元，黑龙江某公司多计利润 296 万元，上海某公司多计利润 5 123 万元等。方法无外乎多计营业收入、少计营业成本、少计支出、少计提折旧等。

除了非主观故意的会计差错外，一些企业故意多计利润，究其原因主要包括：有的公司为上市公司，为了粉饰报表而多计利润；有的公司为集团下属子公司，为应对集团公司的业绩考核而多计利润。税务机关检查的重点是企业少计收入、多列支出，从而少计利润的行为，那么对于这些多计利润的行为，税务机关应如何处理？

对于以上 5 户企业的情况，应当具体问题具体分析，按照先易后难的原则进行处理。

最容易处理的是乙公司。该公司筹划痕迹过于明显，《企业所得税法实施条例》第六十条规定了“固定资产计算折旧的最低年限”，企业只要不短于税法规定的最低折旧年限就不违反税法，那么能否允许企业一方面抬高会计利润，一方面做低应纳税所得额？

《企业所得税法》实施之初，税务机关对该行为束手无策，但现在政策已明确。《国家税务总局关于企业所得税应纳税所得额若干问题的公告》(国家税务总局公告 2014 年第 29 号)第五条第二款规定：“企业固定资产会计折旧年限如果长于税法规定的最低折旧年限，其折旧应按会计折旧年限计算扣除，税法另有规定除外。”因此乙公司应在税收上也按照 50 年计算折旧，补缴企业所得税，并加收滞纳金。

针对丙公司，若其被税务检查要求补税，是否可以扣除应扣未扣的费用？根据《国家税务总局关于企业所得税应纳税所得额若干税务处理问题的公告》(国家税务总局公告 2012 年第 15 号)第六条规定：“根据《中华人民共和国税收征收管理法》的有关规定，对企业发现以前年度实际发生的、按照税收规定应在企业所得税前扣除而未扣除或者少扣除的支出，企业做出专项申报及说明后，准予追补至该项目发生年度计算扣除，但追补确认期限不得超过 5 年。企业由于上述原因多缴的企业所得税税款，可以在追补确认年度企业所得税应纳税款中抵扣，不足抵扣的，可以向以后年度递延抵扣或申请退税。亏损企业追补确认以前年度未在企业所得税前扣除的支出，或盈利企业经过追补确认后出现亏损的，应首先调整该项支出所属年度的亏损额，然后再按照弥补亏损的原则计算以后年度多缴的企业所得税款，并按前款规定处理。”因此，在丙公司做出专项申报及说明后，可以补扣除在支出实际发生年度，若检查出的问题金额小于丙公司应扣除未扣除金额，丙公司不但不需要补税，还得退税。

针对丁公司，其行为比较特殊，它违反了会计政策，但纳税是正确的，既没有多缴也没有少缴，税收上无可挑剔。有人认为，根据国家税务总局公告2012年第15号第八条“根据《企业所得税法》第二十一条规定，对企业依据财务会计制度规定，并实际在财务会计处理上已确认的支出，凡没有超过《企业所得税法》和有关税收法规规定的税前扣除范围和标准的，可按企业实际会计处理确认的支出，在企业所得税前扣除，计算其应纳税所得额”的规定，该企业在会计上确认的支出是0，没有超过税法规定可以税前扣除的金额100万元，因此应按企业实际会计处理确认的支出0税前扣除；丙公司也同理。

这是不妥的。首先，《企业所得税法》第八条规定：“企业实际发生的与取得收入有关的、合理的支出，包括成本、费用、税金、损失和其他支出，准予在计算应纳税所得额时扣除。”该企业的支出符合这一规定，应允许税前扣除；其次，即使不允许其税前扣除，补缴了税款，企业修改会计处理后，照样可以依据国家税务总局公告2012年第15号第六条的规定申请退税；最后，该企业本身的会计处理就是错误的，税务机关不宜将错就错。

因此，对丁公司不做纳税调整。

针对戊公司，若检查出了其他需要补税的问题，戊公司能否要求弥补以前年度亏损？《企业所得税法》第十八条规定：“企业纳税年度发生的亏损，准予向以后年度结转，用以后年度的所得弥补，但结转年限最长不得超过五年。”戊公司可弥补的以前年度亏损未超过5年期限，税法又没有禁止企业这种补弥补亏损的行为，因此可以弥补以前年度亏损。最终，戊公司调减了可结转以后年度弥补的亏损额，不必补税。

最难办的是甲公司。其将预售账款确认为营业收入，不但违反了会计上的收入确认原则，也违反了税收上的收入确认原则，因此税务机关可以调减其应纳税所得额3 000余万元。但是问题来了：甲公司拒绝调减，因为由此产生的巨额退税需要披露，这样其虚增利润的行为就曝光了。有人对此产生了疑惑：《税收征收管理法》第五十一条规定，“纳税人超过应纳税额缴纳的税款，税务机关发现后应当立即退还”，现在税务机关发现了，企业又不要，这可如何是好？其实不必疑惑，因为该法第五十一条同时规定：“纳税人自结算缴纳税款之日起三年内发现的，可以向税务机关要求退还多缴的税款并加算银行同期存款利息，税务机关及时查实后应当立即退还”。企业虚增利润多缴税款自己是清楚的，因此属于企业行为，企业不提出退税申请税务机关无须强制。

结　论

在征管实践中，税务人员普遍认为，少计收入、多列支出是必须强制更正的，而多计收入，少列支出是非强制更正的，既然不但没有少缴税款，甚至还多缴了税款，就应当尊重纳税人的意愿，纳税人愿意多缴税款是有目的的，只要这种目的没有违反税法，税务机关就无须干涉。因此，对于这种多计利润的行为，税务机关一般不主动干涉。

那么税务机关能否要求企业必须更正会计处理？笔者认为不能。税法并没有赋予税务机关要求企业必须更正其会计处理的权力，即使会计处理是错的。企业的行为违反了会计法，也应当由财政部门来处理，税务机关不能越俎代庖。税务机关可以建议企业更正会计处理，若企业不更正，可向财政部门或行业主管部门（如证监会）反映。

针对上述企业虚增利润，没有少缴甚至多缴税款的情况，笔者建议，税务机关应具体问题具体分析，不可不调整，也不可强制调整；若在法定期限内，企业自行更正并申请退税，税务机关也应当受理。

若如上所述的企业虚增利润被财政部、证监会处罚，修正利润后是否可以向税务机关申请退税呢？笔者认为，税法没有规定企业因某种行为导致的多缴税款不能退还，因此是可以退税的，只要符合《税收征收管理法》第五十一条的规定，就可以退税。

争议 97
企业能否跳跃性弥补亏损

甲公司 2014 年度亏损 100 万元，2015 年度纳税调整后所得为 50 万元，不弥补以前年度亏损，2016 年度纳税调整后所得为 60 万元，全额弥补以前年度亏损。是否允许企业跳跃性弥补亏损?

▶▶ 正方：企业可以跳跃性弥补亏损

没有政策规定企业不能跳跃性弥补亏损，因此企业可以跳跃性弥补亏损。

▶▶ 反方：企业不能跳跃性弥补亏损

企业弥补以前年度亏损必须连续，不能跳跃。

解　析

一般认为，企业弥补以前亏损应是连续性的，且不弥补亏损对企业不利。但实务中，确有企业出于某种目的故意不弥补亏损。《企业所得税法》第十八条规定："企业纳税年度发生的亏损，准予向以后年度结转，用以后年度的所得弥补，但结转年限最长不得超过五年。”税法只规定了弥补以前年度亏损不得超过五年，并未规定必须连续弥补，企业出于某种目的跳跃性弥补亏损，并没有违反法律。

结 论

企业跳跃性弥补以前年度亏损，法无禁止即可为。

争议 98
少预缴是否加收滞纳金

甲公司于 2017 年 2 月发生一笔股权转让，符合股权转让收入确认条件，但在第一季度预缴时没有申报，6 月，税务机关通过第三方信息获知，要求甲公司补缴第一季度所得税。甲公司补缴了所得税，是否应当加收滞纳金？

▶▶ 正方：少预缴应当加收滞纳金

企业少预缴的企业所得税款符合《税收征收管理法》关于加收滞纳金的规定，应当加收滞纳金。

▶▶ 反方：少预缴不加收滞纳金

企业所得税是分期预缴，年终汇算清缴，计算多退少补的税款，因此预缴时的税款并不是一个准确的数字，少预缴的不应加收滞纳金。

解　析

企业所得税是采取“按年计算、分期预缴、年终汇算清缴”的方法征收的，因此不少企业存在这样一个误解：只要在一个纳税年度内足额缴纳税款就没有问题，平时少预缴一些没关系，汇算清缴时补齐就可以了。税务机关在汇算清缴中经常发现，有些企业平时预缴额为零，汇算清缴时补缴几百万元的税款；或者平时预缴额极少，汇算清缴时大额补缴。这些企业虽然没有在该纳税年度内少缴税款，但其采用的是平时无预缴、少预缴，汇算一次性补缴的做法。这种做法类似于购销往来中的拖欠货款，目的是最大限度地占用资金，并获得占用期间的利息；有些中介机构在企业资金流紧张的时候，也会在预缴上做“筹划”。企业往往认为，只要全年没有少缴税款，就不违反税法。

预缴是保证税款均匀入库的一种手段，企业的收入和费用列支要待企业的一个会计年度结束后才能准确计算出来，在预缴时很难准确计算当期应纳税所得额，因此汇算清缴时出现补、退税是很正常的现象，但若补税过高预缴过低，甚至恶意不预缴或少预缴，就是违法行为。

《企业所得税法实施条例》第一百二十八条第二款规定：“企业根据企业所得税法第五十四条规定分月或者分季预缴企业所得税时，应当按照月度或者季度的实际利润额预缴。”因此，企业故意少预缴属于违法行为。

《国家税务总局关于加强企业所得税预缴工作的通知》（国税函〔2009〕34号）第四条规定：“各级税务机关要进一步加大监督管理力度。对未按规定申报预缴企业所得税的，按照《中华人民共和国税收征收管理法》及其实施细则的有关规定进行处理。”

《国家税务总局关于企业未按期预缴所得税加收滞纳金问题的批复》（国税函发〔1995〕593号，已全文失效）规定：“根据《中华人民共和国税收征收管理法》第二十条及《中华人民共和国企业所得税暂行条例》

第十五条的规定，对纳税人未按规定的缴库期限预缴所得税的，应视同滞纳行为处理，除责令其限期缴纳税款外，同时按规定加收滞纳金。”该条款明确规定少预缴要加收滞纳金。该文件的失效是由于原《税收征收管理法》被废止。

《税收征收管理法》第三十二条规定：“纳税人未按照规定期限缴纳税款的，扣缴义务人未按照规定期限解缴税款的，税务机关除责令限期缴纳外，从滞纳税款之日起，按日加收滞纳税款万分之五的滞纳金。”

企业少预缴属于“纳税人未按照规定期限缴纳税款”，应加收滞纳金。

结 论

企业少预缴税款，应当加收滞纳金。

争议 99
合伙企业未实际分配利润，其法人合伙人是否要计入应纳税所得额

甲公司出资成立一家合伙企业乙。2016 年，乙合伙企业未分配利润为 100 万元，未实际分配。作为法人合伙人的甲公司，认为乙合伙企业未实际分配利润，自己不应确认应纳税所得额。甲公司的观点是否正确？

▶▶ 正方：合伙企业未实际分配利润，其法人合伙人应计入应纳税所得额

无论合伙企业是否做出分配利润的决定，只要其有未分配利润，就应按照分配比例计入法人合伙人自身的应纳税所得额缴纳企业所得税。

▶▶ 反方：合伙企业未实际分配利润，其法人合伙人不计入应纳税所得额

合伙企业的未分配利润尚未实际分配，仍属于合伙企业，其法人合伙人不计入自身的应纳税所得额。

解 析

《财政部 国家税务总局关于合伙企业合伙人所得税问题的通知》（财税〔2008〕159号）第二条规定："合伙企业以每一个合伙人为纳税义务人。合伙企业合伙人是自然人的，缴纳个人所得税；合伙人是法人和其他组织的，缴纳企业所得税"；第三条规定："合伙企业生产经营所得和其他所得采取'先分后税'的原则……前款所称生产经营所得和其他所得，包括合伙企业分配给所有合伙人的所得和企业当年留存的所得（利润）"。

因此，无论合伙企业是否做出分配利润的决定，只要其有未分配利润，就应按照分配比例计入法人合伙人的应纳税所得额缴纳企业所得税。

甲公司应调增2016年度应纳税所得额100万元。

有的税务机关已做出明确，如福建国税局《2017年5月12366热点和难点问题集（二）》第55个问题：

"问：我公司是有限公司，作为某个合伙公司的合伙人，该合伙公司去年有实际没有分配的未分配利润（股票公允价值变动产生的），我公司是否需要根据'先分后税'的原则按照合伙协议约定的分配比例确认收入，调增应纳税所得税额？

答：根据《财政部 国家税务总局关于合伙企业合伙人所得税问题的通知》（财税〔2008〕159号）的规定……你公司应在'先分后税'原则按合伙协议约定的分配比例确认收入（无论是否实际分配），调整应纳税所得额。"

结 论

无论合伙企业是否做出分配利润决定，其法人合伙人都应按照分配比例计入应纳税所得额，缴纳企业所得税。

争议 100
基层税务机关能否对政策文件中的“等”做扩大性解释

▶▶ 正方：基层税务机关可以对政策文件中的“等”做扩大性解释

政策文件中的“等”，说明并非全列举，符合政策本意的也属于政策允许范围。

▶▶ 反方：基层税务机关不能对政策文件中的“等”做扩大性解释

政策“谁制定，谁解释”，基层税务机关无权解释国家税务总局的政策文件。

解　析

在一些政策文件中，正列举后会出现一个“等”字。究竟是仅限于前面正列举的项目，还是可以扩大，是困扰纳税人和税务机关的难题。

《税收规范性文件制定管理办法》（国家税务总局令第 41 号）第十二条规定：“税收规范性文件由制定机关负责解释。制定机关不得将税收规范性文件的解释权授予本级机关的内设机构或者下级税务机关。”规范性文件的解释遵循“谁制定，谁解释”原则，由财政部、国家税务总局制定的规范性文件，由财政部、国家税务总局进行解释，纳税人和基层税务机关都无权解释。

笔者认为，在实际操作中，对于政策文件中的“等”，应区分是以“等”字结尾，还是“等”字后还有限定性表述。

以“等”字结尾

以“等”字结尾，做“等里不等外”理解，一旦以“等”字结尾，不得做扩大性解释。如：

《国家税务总局关于企业工资薪金及职工福利费扣除问题的通知》（国税函〔2009〕3号）第三条规定：“《实施条例》第四十条规定的企业职工福利费，包括以下内容：（一）尚未实行分离办社会职能的企业，其内设福利部门所发生的设备、设施和人员费用，包括职工食堂、职工浴室、理发室、医务所、托儿所、疗养院等集体福利部门的设备、设施及维修保养费用和福利部门工作人员的工资薪金、社会保险费、住房公积金、劳务费等。（二）为职工卫生保健、生活、住房、交通等所发放的各项补贴和非货币性福利，包括企业向职工发放的因公外地就医费用、未实行医疗统筹企业职工医疗费用、职工供养直系亲属医疗补贴、供暖费补贴、职工防暑降温费、职工困难补贴、救济费、职工食堂经费补贴、职工交通补贴等。（三）按照其他规定发生的其他职工福利费，包括丧葬补助费、抚恤费、安家费、探亲假路费等。”

《财政部 国家税务总局 科技部关于完善研究开发费用税前加计扣除政策的通知》（财税〔2015〕119号）第一条第一款第六项规定：“与研发

活动直接相关的其他费用，如技术图书资料费、资料翻译费、专家咨询费、高新科技研发保险费，研发成果的检索、分析、评议、论证、鉴定、评审、评估、验收费用，知识产权的申请费、注册费、代理费，差旅费、会议费等。此项费用总额不得超过可加计扣除研发费用总额的10%。"

上述文件都采用了正列举的方式，并以"等"字结尾。无论企业还是基层税务机关，都无权对"等"做出扩大性解释。只有列举的内容，才属于职工福利费和可以加计扣除的其他相关费用，没有列举的则不属于。若基层税务机关可以做扩大性解释，一是会造成各地政策适用不一，二是容易引发权力寻租。

"等"字后还有限定性表述

"等"字后还有限定性表述，可以理解为列举未尽。例如，《国家税务总局关于商业零售企业存货损失税前扣除问题的公告》（国家税务总局公告2014年第3号）第二条规定："商业零售企业存货因风、火、雷、震等自然灾害，仓储、运输失事，重大案件等非正常因素形成的损失，为存货非正常损失，应当以专项申报形式进行企业所得税纳税申报"。

毫无疑问，洪灾、雨灾也属于自然灾害，若因文件没有列明洪灾、雨灾就不允许商业零售企业申报资产损失，显然是不合适的。

《国家税务总局关于研发费用税前加计扣除归集范围有关问题的公告》（国家税务总局公告2017年第40号）第一条第三款规定："直接从事研发活动的人员、外聘研发人员同时从事非研发活动的，企业应对其人员活动情况做必要记录，并将其实际发生的相关费用按实际工时占比等合理方法在研发费用和生产经营费用间分配，未分配的不得加计扣除。"

又如,《国家税务总局关于实施国家重点扶持的公共基础设施项目企业所得税优惠问题的通知》(国税发〔2009〕80号)第六条规定:“企业同时从事不在《目录》范围的生产经营项目取得的所得,应与享受优惠的公共基础设施项目经营所得分开核算,并合理分摊企业的期间共同费用;没有单独核算的,不得享受上述企业所得税优惠。期间共同费用的合理分摊比例可以按照投资额、销售收入、资产额、人员工资等参数确定。上述比例一经确定,不得随意变更。凡特殊情况需要改变的,需报主管税务机关核准”。

上述文件都强调“合理”。同时从事研发与非研发活动的人员如何准确分摊在操作上有难度,实际工时占比只是方法之一,若企业研发的特点决定其不能准确计算实际工时,但有其他方法可以准确分摊,也可以按照其他方法;期间共同费用可以按照投资额、销售收入、资产额、人员工资的比例分摊,但若有更合理的方法,也可以按照更合理的方法。对于方法来说,企业特点不同,方法也不尽相同,选择最合理的方法才好。当然,必须经过主管税务机关确认,比如文件列举的四种分摊期间费用的方法企业都觉得不合理,又弄出个其他方法,确实需要好好跟主管税务机关解释清楚。

但这个原则不是一成不变的,如《企业所得税法》第三十四条规定:“企业购置用于环境保护、节能节水、安全生产等专用设备的投资额,可以按一定比例实行税额抵免”。显然,虽然有个“等”字,但此处的专用设备特指用于环境保护、节能节水、安全生产的专用设备,其他专用设备不能抵免应纳税额。

结　论

对于税收规范性文件中的“等”，纳税人应咨询主管税务机关，税务机关应请示上级税务机关，不宜自行做出扩大性解释。

POSTSCRIPT 后记

我之前想写一本企业所得税疑难问题解析的书。有一天，我突然有了一个想法：应当写一本争议问题解析的书，而不是针对疑难问题。其原因在于：一是已经有很多税务专家写过疑难问题解析方面的书籍，都写得很深入；二是很多疑难问题并没有争议，比如对企业为高管参保补充医疗保险、补充养老保险的支出不能税前扣除已经没有争议，但为99% 的员工参保补充医疗保险、补充养老保险的支出能否税前扣除充满争议。争议问题才是纳税人和税务人员最关心和最迫切需要解决的问题，因此，我决定推倒重写。

这是我在中国市场出版社出版的第二本税务书籍，在这里我要特别感谢中国市场出版社，感谢中国市场出版社的胡超平副总编辑。近年来，中国市场出版社吸引了一批财税精英，出版了大量高质量的财税书籍，广受读者好评。胡超平副总编辑求贤若渴，大力支持财税人写作，许多财税人的第一本书都是在这里出版的。我的第一本书《企业所得税实务与风险防范》也在这里出版，之前我也很忐忑，不知道自己的写作水平是否已经达到出版要求，出版社能否给我这样一个无名之辈出书，但胡老师一直在鼓励我，并提出修改意见，使我的第一本书得以顺利出版，如今又将再版。

我还要感谢中国市场出版社的张瑶编辑，不厌其烦地为我修改书稿；还要感谢那些与我讨论业务问题的朋友和为我解答疑问的师长们。

希望这本书能为企业所得税管理做出一点贡献，也能对纳税人和税务工作者有所帮助。

马泽方

2018 年 2 月